방송의 진화

이 도서의 국립중앙도서관 출판예정도서목록(CIP)은 서지정보유통지원시스템 홈페이지(http://seoji.
nl.go.kr)와 국가자료공동목록시스템(http://www.nl.go.kr/kolisnet)에서 이용하실 수 있습니다.
CIP제어번호: CIP2018008539

방송의 진화

그 현상과 의미

최홍규 · 김유정 · 김정환 · 심홍진 · 주성희 · 최믿음 지음

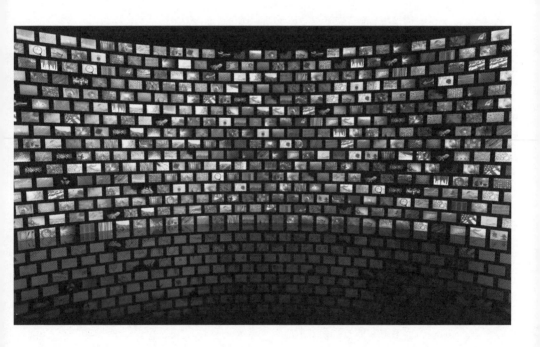

한울
아카데미

차 례

머리말

전 세계적으로 방송 영역은 지금껏 경험해보지 못한 격랑의 파고를 넘고 있다. 국가나 시장에 따라 변화의 폭이나 속도는 각기 다르지만 어디든 기존의 방송 제도가 큰 변화의 소용돌이에 있다는 점에서는 크게 다르지 않다.

미디어 이용에서 이미 변화의 모습은 뚜렷하다. 과거 TV 시청자와 현재 방송 이용자의 모습은 큰 괴리가 있다. 인터넷에서 시작된 이용자라는 호칭이 상대적으로 수동적 의미가 강한 시청자를 대신하는 것이 전혀 어색하지 않은 지 이미 오래 되었다.

한편 산업과 시장의 움직임은 훨씬 더 활발하고 혁신적이다. 새로운 미디어가 보여주는 기술적 가능성은 시장 내 다양한 행위자들의 이해관계와 상호작용 속에서 상업화되기도 하지만 적당한 수익 모델을 찾지 못해 어느 순간 사라지기도 한다.

또한 최근 가장 큰 화두가 되고 있는 플랫폼의 혁신은 이 모든 움직임을 '혁명'적으로 변화시킬 잠재력을 지니고 있다. 예전에 분리되어 있던 사업자와 이용자가 모두 참여하며 상호작용을 통해 새로운 가치를 만들어내는 '장(場)'이 만들어지고 있기 때문이다. 송신자와 수신자로 명확히 분리되어 각각 제작·유통·전송이나 시청·이용·소비를 전담했던 예전과 달리 모든 참여자가 변수가 되는 복합적이고 융합적 관계가 형성되고 있으며 이는 새로운 자원이 되어 다양한 참여자들의 상호작용에 활용되고 가치를 창출한다.

방송사가 일방향적으로 전송하고 시청자가 이를 수신하는 방식의 '방송 (broadcasting)'에서도 점차 상호작용성과 자율성이 기능할 여지가 늘고 있다. 그뿐만 아니라 시공간의 구속에서 자유롭고 다른 네트워크나 플랫폼과의 연결성이 높은 서비스나 상품이 '방송' 영역의 기본 공식을 변화시키고 있다. 이렇게 방송 영역은 방송 외부의 기술적 변화를 때로는 수용하고, 때로는 충돌하면서 진화 중이다.

이 책에서는 방송을 둘러싼 변화의 원인과 이로 인한 결과를 심층적으로 이해하기 위해 주요 방송 구성 요소들을 하나씩 검토했다. 특히 일반적으로 잘 포착하기 어려운 방송사 등 미디어 조직의 움직임에 초점을 맞추었다. 미디어 이용의 능동성과 적극성에 대응한 사업자 등 미디어 조직의 움직임을 살핌으로써 현재 방송 영역이 어떤 방향으로, 어떻게 변모하는가를 파악할 수 있을 뿐만 아니라 기술이 사회적으로 활용되는 맥락에 대한 함의도 얻을 수 있다고 판단했다. 더욱 중요하게는 방송 영역을 특징짓는 기존의 틀과 규칙이 (TV 시청자를 포함한) 미디어 이용자와 미디어 조직의 전략적 선택으로 어떤 변화를 겪으며, 다시금 미디어 이용 행위와 사업자들의 시장 행위에 영향을 미치는 구조가 되는지에 대한 과정을 포착하고자 했다.

먼저 제1장에서는 방송 영역의 주요 변곡점이 되었던 미디어 테크놀로지의 변화를 짚어보며 이것이 기존의 TV 시청을 참여적 미디어 이용으로 어떻게 변화시켰는지 검토했다. 급변하는 미디어 테크놀로지와 이로 인한 새로운 시청 행태를 다루고 있지만 단순히 미디어 테크놀로지의 기술적 특성이나 미디어 이용의 현상적 측면을 다루는 데 그치지 않았다. 그보다는 기술적 발전과 시청자들의 새로운 참여적 행동들이 기존 방송 영역의 구조에 어떤 변화를 가져오고 있는지를 파악하는 데 목표를 두고 있다.

구체적으로 방송 사업자를 비롯한 다양한 미디어 조직의 움직임을 방송 영역의 구조를 결정짓는 주요 요인 중심으로 검토했다.

미디어 조직의 주요 상품인 방송 콘텐츠의 경우 새로운 플랫폼으로의 확장, 새로운 시청 경험의 형성 최전선에 있는 대상이다. 방송 콘텐츠의 확장과 콘텐츠 문법의 변화에 관심이 있다면 제2장에서 많은 아이디어를 접하고 영감을 얻을 수 있을 것이다.

다양한 콘텐츠들의 조합과 배열을 통해 방송의 흐름을 만들고 이 가운데 시청자들의 일상 속 시간 단위를 구획하는 기능을 해온 '편성'은 방송 사업자들의 직접적이고 적극적인 행위에 해당한다. 편성의 위기와 편성의 확장이 동시에 화두가 되는 지금, 제3장은 방송 편성 관련 주요 논점에 대한 파악과 이해를 도울 것이다.

사실 혁신적 미디어 테크놀로지가 지닌 많은 가능성과 방송 현장 간의 괴리는 다양한 이해의 충돌에서 비롯된다고 해도 과언이 아니다. 그러한 점에서 미디어 이용 행태의 측정과 관련한 제4장과 방송 영역의 재원을 다룬 제5장은 연관성이 깊다. 이미 많은 사람들이 인터넷을 통해 방송 콘텐츠를 이용하고 있으며 이로 인해 실시간 시청의 감소가 가시화된 상태이다. 이는 TV 시청 행위를 측정하는 기존의 가구 시청률이 지금의 방송 콘텐츠 이용을 충분히 대변하고 있는지에 대한 문제제기로 이어졌다. 이 문제에 대한 대응으로 새로운 플랫폼에서 나타나는 다양한 이용을 구체적으로 단순 노출부터 참여적 이용까지 측정하고 계량화하려는 여러 시도들이 나타나고 있다. 여기서 중요한 것은 이러한 새로운 측정치가 다양한 이해관계를 가진 방송 미디어 조직들의 수익 창출에 유용한 정보인지 여부이다. 시청자(때로는 미디어 이용자)의 방송 콘텐츠 이용 흐름을 정확하게 계량한다면 사업자들이 시청자 혹은 이용자를 이해할 수 있게 되고, 이를 통해 수익을 만들어낼 수도 있기 때문이다. 미디어 이용 측정 시스템의 변화와 방송 영역의 새로운 수익원의 관계에 대해 관심을 가지고 있다면 제4장과 제5장에서 흥미를 느낄 것이다.

다양한 배경을 가진 저자들이 모여 하나의 책을 만드는 과정에서 어떤 개념 혹은 용어를 쓸 것인가는 매우 중요하면서도 첨예한 문제였다. 대표적으로 'TV 시청자'로 충분했던 대상을 어떻게 칭해야 하는가라는 문제를 두고 저자들은 많은 시간을 들여 격론을 벌였다. 그럼에도 불구하고 하나의 용어로 통일하지는 못했다. 그러나 시청자, 수용자, 이용자, 그리고 참여자까지 다양한 용어의 혼용 자체가 바로 지금 방송 영역의 변화를 보여주는 것이라는 결론에는 도달할 수 있었다. 각 장에서 저자들은 해당 주제에 맞는 용어나 개념을 선택하여 일관성을 유지하도록 했다.

또한 비실시간 시청을 포함한 다양한 유형의 이용 양식이 존재하고 있는데 이를 통칭하기 위해 이 책에서는 이를 '비선형적(non-linear) 시청'이라는 개념을 활용했다. 지금 목도하는 방송, 방송 채널, 방송 콘텐츠의 이용 양상이 기존의 간결하고 단선적인 실시간 시청에서 복합적이고 융합적 방향으로 진화하고 있기 때문이다. 또한 같은 용어라고 할 수 있으나 맥락에 따라 다른 의미와 뉘앙스를 지닌 매체와 미디어는 혼용했다.

요즘 많이 회자되는 "사람들에게 필요한 것은 금융 서비스일 뿐, 은행이 아니다(Banking is necessary, banks are not)"라는 말처럼 이제 방송 영역은 콘텐츠라는 상품과 이에 연관된 다양한 서비스 중심으로 변화하고 있다. 몇몇 방송사가 중심이 되는 기존의 시장 틀로부터의 이탈은 이미 시작된 지 오래다. 그러나 앞으로 방송 영역이 어떤 항로로 항해를 할 것인가에 대한 의견은 분분하다. 이 책에서 변화와 앞으로의 변화상을 예측하는 데 유용한 관점을 제공했으면 하는 저자들의 작은 소망이 독자들에게 전달되기를 간절히 바란다.

2018년 봄
저자 일동

1장

미디어 테크놀로지의 발전과 수용자의 진화

방송 기술의 발전은 결국, 수용자의 진화로 귀결된다. 이 장에서는 방송 기술의 과거와 현재, 그리고 다가올 미래를 살펴본다. 방송의 디지털화, 다매체 다채널의 미디어 환경, 기존의 시청 방식에서 탈피한 비선형적 시청, 멀티 플랫폼의 출현은 방송 기술 변화를 주도한 핵심적인 기술적 변곡점이라 할 만하다.

　이러한 기술적 변곡점들은 새로운 미디어 이용 경험을 촉발시키며 수용자의 진화를 이끌어냈다. 수용자는 이용자로, 이용자는 참여자로, 참여자는 창작자로 진화하고 발전한다. 수용자는 기술에 순응하기도 하지만 참여자나 창작자로서 기존 기술로부터 과감하게 일탈하기도 한다. 이들의 일탈은 새로운 기술 발전과 진화를 자극하고 실현하는 추동력으로 전환된다.

　이러한 배경에서 이 장에서는 방송 기술의 주요 변곡점들을 소개하고, 진화 주체로서의 이용자 변화상을 제시하며, 주목할 만한 방송 미디어 이용 경험을 탐색한다. 특히 방송 기술의 변화로 새롭게 출현한 이용자들의 다채롭고 전례 없는 미디어 이용 경험을 주요 사례별로 소개한다.

　가령 텔레비전 수상기를 매개로 물리적 공간에서 집단 시청을 했던 수용자가 텔레비전 수상기와 소셜 미디어를 활용해 가상의 공간에서 사회적 시청을 한다. 이용자는 자신이 좋아하는 방송 프로그램을 큐레이션(curation)한 뒤 밤을 새워 프로그램을 시청하기도 한다. 몰아보기 시청(binge watching)의 출현이며 적극적이고 능동적인 프로그램 선택이 콘텐츠 큐레이션으로 발현된다.

1. 미디어 테크놀로지의 주요 변곡점과 산물

1) 디지털 혁신, 미디어 이용 경험의 마중물

기술의 발전은 사회의 변화를 필연적으로 수반한다. 기술결정론적 관점 (technology determinism)에서 주장하는 견해이다. 디자드(Dizard, 1994)는 사회변화를 결정짓는 기술적, 경제적, 정치적 요인 가운데 기술적 요인을 사회변화의 가장 강력한 추동력으로 간주했다. 텔레비전 기술 환경 변화에 이를 적용해보면, 텔레비전 기술의 발전은 생산자, 매개자, 수용자 가운데 수용자의 다양한 미디어 이용 및 행위 경험들을 변모시킨다. 기술 발전으로 인해 기존에 발견되지 않았던 수용자의 새로운 이용 경험이 출현하는 한편, 지배적 이용 경험이 쇠퇴하다 사라지기도 한다.

수용자의 미디어 이용 경험의 출현과 소멸을 야기했던 결정적 기술적 변곡점은 무엇일까. 수용자의 미디어 이용 경험을 변화시킨 핵심 테크놀로지는 디지털 기술의 발전이다. 디지털 신호는 아날로그 신호[1]에 비해 장점이 많다. 디지털 신호는 약간의 잡음에도 정보의 왜곡 등 정보 손실이나 훼손이 발생하지 않는다. 디지털 신호는 데이터 압축이나 여러 다양한 디지털 신호 처리 기법을 활용함으로써 정보량을 대폭 줄일 수도 있다(한종범·이재호·이현규 외, 2008). 디지털 기술의 특성과 장점을 방송에 적용하면 디지털화[2]에 따

---

1) 아날로그 신호는 잡음에 취약해 정보의 왜곡 등이 일어난다.
2) 디지털(digital)의 어원은 라틴어로 손가락을 뜻하는 디지트(digit)인데, 디지털 신호라 함은 손가락으로 하나, 둘, 셈을 하듯 서로 각기 떨어져서(discrete) 변화하는 신호를 의미하며, 일반적으로 0과 1의 데이터가 반복적으로 이어지는 형태이다(한종범·이재호·이현규 외, 2008). 아날로그는 디지털에 상응하는 개념이다. 아날로그는 디지털과 같이 단절된 신호가 아니다. 우리가 듣는 소리나 우리가 보는 풍경처럼 매우 자연적인 것이며 연속적인 것, 이어져 있는 것을 의미한다(한진만·정상윤·이진로 외, 2011).

〈표 1-1〉 제공 방식별 데이터 방송의 유형

구분	전용 데이터 방송	보조적 데이터 방송	
내용	방송 프로그램은 제공하지 않고 데이터 방송만 내보내는 방송	방송 프로그램을 내보내면서 보조적으로 데이터 방송을 내보내는 방송	
		〈연동형 데이터 방송〉 방송 프로그램과 연관된 정보로 구성	〈독립형 데이터 방송〉 방송 프로그램과 관련 없는 독립적인 정보로 구성
예시			

자료: 박유리·김정언·유선실 외(2010).

른 방송 정보의 손실이나 감소를 줄일 수 있으며, 압축 효율을 증가시켜 방송 정보의 질적 향상을 촉진할 수 있다. 디지털 기술은 어느 한 형태의 표현 미디어를 다른 형태의 표현 미디어로 조작하고 변환할 수도 있다(홍기선 외, 2004). 우리는 종이로 만들어진 까슬까슬한 책을 읽지만 디지털 기술의 도움으로 잉크가 손에 묻을 것만 같은 전자책을 읽을 수도 있다.

디지털 기술의 발전 덕분에 방송은 디지털 방송으로의 획기적인 진전을 이루었다. 디지털 방송은 상술한 장점으로 인해 화질과 수신 품질이 아날로그를 월등히 앞선다. 그뿐만 아니라 데이터 압축 기술에 힘입어 데이터 방송도 가능하다. 데이터 방송은 디지털 방송[3]과 아날로그 방송의 경계를 명확히 구분하는 디지털 방송만의 우월한 서비스이다. 디지털 방송을 수용자의 미디어 이용 경험 맥락에서 살펴보면, 수용자는 데이터 방송을 통해 전에 없

---

[3] 데이터 방송은 영상과 음향 이외에 텔레비전 시청자가 필요로 하는 문자나 그래픽 데이터를 텔레비전 방송 신호에 실어 보내는 서비스이다(한진만·정상윤·이진로 외, 2011).

던 양방향 서비스를 경험할 수 있다. 디지털화로 인해 디지털 방송에서 목격할 수 있듯이 수용자로부터 이용자로의 전환이 점차 선명해졌다. 디지털화는 매스미디어를 통해 전달되는 메시지의 전통적인 흐름을 뒤바꿔놓았다.

매스미디어의 정보는 정보 생산자로부터 수용자에게 일방적으로 전달되는 것이 일반적인 방식이었다. 디지털화는 생산자가 보내는 데이터를 일방적으로 수용하는 기존의 정보 흐름 구조를 파괴하고 수용자가 송신자에게 자신의 정보나 의견을 제공할 수 있도록 했다. 메시지 생산이라는 능동적 행위 차원에서 수용자에서 이용자로의 진화이다. 예를 들어 이용자들은 데이터 방송으로 날씨, 주식, 뉴스 속보 등 필요한 정보를 리모컨 조작으로 이용하고, 프로그램에 노출된 상품을 직접 구매하며, 프로그램 내용과 관련된 정보 검색도 가능해졌다(한진만·박은희·정인숙 외, 2017).

사실 모든 미디어가 연결되고 연결된 미디어에 사람까지 연결되는 초연결 사회를 살고 있는 우리에게 디지털화가 이룩한 이용자로의 전환은 원시시대의 유물과 같은 이야기로 들릴 수 있다. 그러나 초연결의 시작은 바로 디지털로부터 시작되었다. 이용자, 수용자, 창작자 등 유형적 개념 구분 역시 디지털화가 기반이었다. 게다가 디지털화는 채널 및 프로그램 선택의 폭을 확장시켰다. 우리는 이를 다채널화라고 부른다. 화질과 음질을 최상의 품질로 구현시켰다. 고화질/고음질 서비스가 탄생했다. 이러한 매체 발전의 저변에 디지털화가 가로지르고 있다.

디지털화로 인해 누구든지(anyone), 언제나(anytime), 어디서나(anywhere), 어떤 것이든(anykind) 비교적 쉽게 접근하고 이용할 수 있는 '4A' 시대에 접어들었다(강상현·김국진·정용준 외, 2002). 무엇보다 디지털화는 미디어를 우리 손에 쥐어 주었다. 이동 서비스의 출현이다. 디지털화는 급기야 방송과 인터넷을 융합시켜 컨버전스 시대를 이끌어냈다. 방송에 인터넷이 연결되자 방송은 TV 포털로까지 확장되었다. 이용자들이 텔레비전을 이용해 정보를 검색하고 서비스를 탐색하는 것이 보편화되었다. 정보 선택형 방송 서비스의 시작이다. 우리는 지금도 텔레비전을 켜고 내가 좋아하는 음악, 영화, 뉴스 등 다양한 정보를 자유롭게 선택하고 이용한다. 이러한 행위는 어쩌면 정보 선택형 방송 서비스의 컨버전스 버전일 수 있다. 이제 텔레비전은 다양한 서비스를 추가하여 전통적인 텔레비전의 목적과 역할로부터 탈피하고 있다. 이른바 텔레비전의 재목적화(repurposing)는 오늘날 우리가 이용하는 유튜브 등의 웹 기반 동영상 서비스나 OTT(Over-The-Top), MCN(Multi Channel Network)처럼 완전히 새로운 방식의 서비스로 드러나고 있다(그레이·로츠, 2017).

2) '올드 & 뉴' 미디어의 공존, 매체 선택 폭의 증가

뉴미디어의 등장이 곧 올드미디어의 사장을 의미하진 않는다. 뤼미에르 형제[4]가 세계 최초의 영화 〈기차의 도착〉을 상영한 지 120여 년이 지났다. 연극 무대는 여전히 건재하다. 텔레비전이 등장한 후에도 라디오는 우리의 일상에 중요한 매체로 자리 잡고 있다. 그러나 뉴미디어와 올드미디어의 존재의 무게가 시간의 흐름과 함께 달라지고 있다는 것에는 이견을 제시하기 어렵다.

뉴미디어는 기존의 미디어와 경쟁, 공생, 혹은 공존하면서 여러 매체가 더불어 존재하는 시대를 열었다. 가령 스마트 미디어의 발달은 이용자의 전통적 영상 콘텐츠 이용 방식에 획기적 변화를 몰고 왔다. 이용자는 영상 콘텐츠를 이용하기 위해 더 이상 텔레비전 수상기 앞에 앉지 않는다. 모바일, 태블릿 PC와 같은 스마트 미디어를 폭넓게 이용하며 텔레비전에서 방영되는

---

4) 시네마토그래프를 발명하여 세계 최초로 영화를 영사한 오귀스트 마리 루이 니콜라 뤼미에르(Auguste Marie Louis Nicholas Lumière)와 루이 장 뤼미에르(Louis Jean Lumière) 형제.

〈그림 1-1〉 온라인 동영상 서비스 이용률

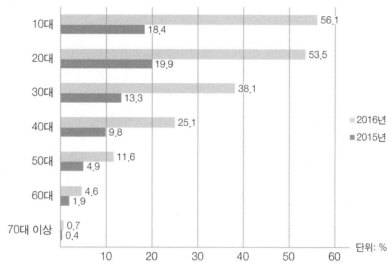

자료: 정용찬·김윤화·박선영(2016: 3).

영상 콘텐츠를 즐긴다. DMC 미디어의 「온라인 동영상 시청 행태 및 광고효과」 조사에 따르면(DMC미디어, 2015), 조사 대상자 중 95.2%가 최근 3개월 간 온라인에서 동영상을 시청한 경험이 있었다.

　이용자 가운데 데스크톱 PC와 노트북을 이용한 온라인 동영상 시청 경험이 가장 많았고, 스마트폰과 태블릿 PC가 뒤를 이었다. 온라인 동영상 서비스는 짧은 시간 사이에 이용률이 대폭 증가했다. 온라인 동영상 서비스의 이용 증가세는 굳이 세대를 가리지 않았다. 젊은 세대는 물론 고연령층에서도 높은 이용률이 나타났다(〈그림 1-1〉 참조).

　뉴미디어와 올드미디어가 어우러진 환경에 노출된 사람들은 매체에 대한 인식에도 변화를 보였다. 이용자들은 시간이 지날수록 텔레비전이나 신문이 아닌 스마트폰을 자신의 일상에서 떼어낼 수 없는 필수 매체로 인식했다. 2012~2016년도 방송매체 이용 행태 조사 결과는 사람들의 인식 변화를 잘

<그림 1-2> 일상생활 필수 매체 인식

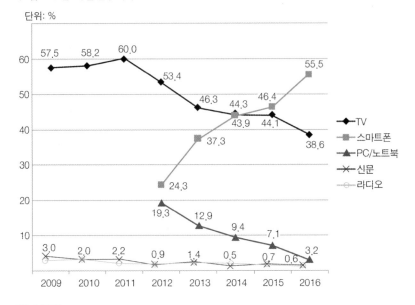

단위: %

* N=7,385명.
자료: 정용찬·김윤화·이선희(2015: 12).

보여준다. 과거(2012년)에는 텔레비전이 가장 중요한 매체라고 응답한 비율
이(53.4%) 스마트폰(24.3%)의 경우에 비해 두 배에 달했지만, 최근(2015, 2016
년)에는 스마트폰을 텔레비전보다 자신의 생활에 더욱 필요한 매체라고 인
식하는 사람들이 늘어났다(정용찬·김윤화, 2014; 정용찬·김윤화·이선희, 2015; 정
용찬·김남두·김윤화, 2012; 정용찬·김윤화, 2013).

이용자가 이용할 수 있는 다양한 매체5)가 자리 잡고, 매체에 대한 인식 변
화가 발생하는 상황에서 방송 콘텐츠의 이용 방식이 변하는 것은 어쩌면 필

_____

5) 한편, 다매체 이용과 관련된 연구들에는 다중 매체(multiple media), 다매체(variety
media), 미디어 레퍼토리, 미디어 매트릭스, 멀티 플랫폼 등 다양한 매체를 중심으로 벌
어질 수 있는 이용자들의 매체 이용 개념들이 제시되고 있다(조성동·강남준, 2009).

연적이다. 예를 들어, 사람들은 가정에서 텔레비전으로 방송을 시청하는 일이 점차 줄어들 것으로 내다봤으며, 텔레비전보다는 스마트 기기를 이용해 방송을 시청할 것으로 예상했다(마크로밀엠브레인, 2015). 인식의 변화는 텔레비전을 이용한 방송 콘텐츠의 실질적 감소를 유발했다. 텔레비전으로 영상을 시청한 시간은 2013년 61.9%에서 2015년 49.9%로 감소했으나 스마트폰을 이용한 영상 시청 시간은 21%가량 증가한 것으로 조사되었다(유지은, 2015.7.30).

스마트기기를 이용한 영상 콘텐츠 소비가 증가하자, 한편에서는 콘텐츠 소비 방식이 모바일 온리(mobile only)로 격변할 것이라는 우려를 나타냈다. 심지어 텔레비전이 사라지는 제로 TV(zero TV) 시대를 전망하기도 한다. 그러나 실제 미디어 생태계에서 발견되고 있는 미디어 관계는 대체가 아닌 보완(complementation) 관계에 가깝다. 전통적인 방송 사업자(legacy media) 또한 뉴미디어를 수용하거나 포용, 활용하며 다매체 공존 시대에 살아남기 위해 지속적인 노력을 시도하면서 점차 진화한다. 이들은 시장에서의 우월한 지위를 유지하기 위해, 현재의 위치를 활용해 미디어 기술 환경과 소비자 이용 패턴의 변화를 집중 분석한다. 기존의 콘텐츠를 수정하고 변형하는 실험 또한 지속한다. 자신들의 콘텐츠와 이용자가 최적의 상황에서 만날 수 있도록 가장 이상적인 조우의 지점을 탐색하면서 말이다.

3) 플랫폼의 교차와 중첩, 미디어의 영역 붕괴

플랫폼을 규정하는 정의는 다양하게 산재되어 있다. 플랫폼이라는 용어는 우선 기술적인 의미로 사용되었다. 기술적 의미의 플랫폼은 응용 소프트웨어가 작동되도록 하는 컴퓨터 구조, 운영체제(OS), 프로그램 언어 관련 라이브러리 또는 그래픽 이용자 인터페이스 등의 하드웨어 구조나 소프트웨어

체제를 의미한다(손상영·김사혁·석봉기, 2010). 다시 말해 응용 체제, 미들웨어, 핵심 응용프로그램을 실행하는 하드웨어와 소프트웨어가 결합된 계층적 형태가 플랫폼인 것이다(이영주·송진, 2011).

애플의 아이폰(iPhone) 등장 이후 플랫폼이라는 용어는 유행처럼 확산되었다. 전통적으로 방송 사업자라고 불러온 이들이 방송 영역에서 플랫폼 사업을 해온 대표적 사업자들이다. 전통적인 방송 프로그램의 가치 사슬에서 채널 편성 및 고객 관리에 관한 운영의 주체에 대해 플랫폼 사업자라는 용어를 사용해왔다(이상우·김원식, 2007). 이 때 방송 플랫폼이라 함은 주로 방송 서비스를 제공하는 주체를 말한다. 예를 들어 지상파 방송 사업자, 멀티미디어 방송 사업자, 별정 방송 사업자 등이다. 여기서 플랫폼의 정의는 콘텐츠를 배열, 배치, 편성, 취합하는 것을 의미한다고 볼 수 있다. 방송 콘텐츠를 생산하는 관점에서 바라본 플랫폼의 개념은 기술적이고 경제적이며 전략적이다. 그러나 이용자에게는 내가 이용할 수 있는 미디어가 플랫폼이라는 새로운 이름과 개념으로 탈바꿈했을 뿐이다.

다매체 환경이 도래하면서 수용자들은 필요와 취향에 따라 다양한 매체들을 복합적으로 이용하기 시작했다. 다양한 매체들 속에는 여러 형태의 방송 플랫폼이 존재했다. 여러 미디어가 출현하고 활용 가능성이 증가하자 이용자는 미디어를 자신의 기호와 취향, 선호에 맞도록 재배열하고 재구성했다. 미디어 레퍼토리(media repertoire)의 출현 배경이다. 이용자들은 지상파를 중심에 놓고 다른 매체를 부수적으로 이용하거나, 인터넷을 중심으로 자신의 미디어 이용을 관리하거나, 케이블 및 위성을 중심으로 다른 매체를 부수적으로 이용했다(심미선, 2007). 자신을 둘러싸고 있는 다양한 매체들로부터 파생된 플랫폼을 마치 평소 즐겨 부르는 노래의 목록처럼 배치하고 활용한 것이다. 미디어 레퍼토리는 개념적으로 레퍼토리를 구성하는 각각의 미디어를 이용자들이 자신의 기호와 취향, 필요에 의해 이용하고 있음을 전제한다. 방송 콘텐츠 이용을 연구하는 연구자들은 이러한 이용자의 미디어 이용 경험을 크로스 플랫폼(cross platform) 이용 행위로 규정한다. 여기서 크로스 플랫폼은 이용자가 이용하는 플랫폼이 복수라는 점에서 멀티 플랫폼[6] 개념을 내포하고 있다.

이는 다양한 매체 간의 결합으로 일관된 메시지를 전달하는 기법이며, 이때 이를 구성하는 콘텐츠는 동시적 혹은 비동시적으로 미디어를 넘나들며 이용된다(Ha & Chan-Olmsted, 2004). 이와 같이 다매체 이용과 관련된 연구들에는 다중매체(multiple media), 다매체(variety media), 미디어 레퍼토리, 미디어 매트릭스, 멀티 플랫폼 등의 다채로운 개념들이 제시되고 있다(조성동·강남준, 2009).

N스크린[7] 서비스는 크로스 플랫폼의 주된 이용 행태이다. N스크린이라는 용어에서 예측할 수 있듯이 이용자는 영화, 음악, 게임, VOD 등을 구매하여 텔레비전이나 PC, 태블릿, 스마트폰 등 여러 단말기를 이용해 취향에 따라 콘텐츠를 즐긴다.

N스크린 서비스는 다시 이용 행위 측면에서 OSMU(One Source Multi Use)와 ASMD(Adaptive Source Multi Device)로 구분할 수 있다. OSMU는 이용자가 자신이 구매한 혹은 자신이 마련한 콘텐츠를 기기만 달리하여 이용하는 것이다. 사람들은 사무실에서 PC로 드라마 VOD를 시청하다가 대중교통으로 이동하면서 모바일을 이용하여 드라마를 이어 시청하고, 집에 도착한 후에

---

6) 멀티 플랫폼 또는 멀티 플랫포밍은 여러 미디어를 넘나들며 동시적 혹은 비동시적으로 관여하는 미디어 이용 방식(이재현, 2006: 35~60)을 일컫는다.
7) N스크린에서 'N'은 수학에서 미지수를 나타내는 N을 의미하지만, 이용자가 활용하는 매체의 개수로 볼 수 있겠다. 일부 연구자는 'N'을 연결의 차원에서 'Network'의 줄임말로 풀이하기도 한다. 여기에 텔레비전 스크린, 모바일 스크린, PC 스크린 등 스크린을 합성해 탄생했다.

〈그림 1-3〉 OSMU와 ASMD의 개념도

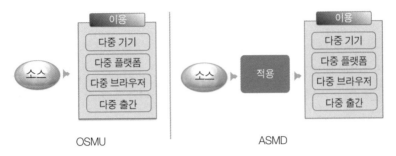

자료: 유은재(2011).

는 텔레비전 수상기를 이용해 대형 화면으로 콘텐츠를 이어 시청한다. 〈그림 1-3〉에서 살펴볼 수 있는 것처럼, 이용자가 콘텐츠를 중심으로 기기를 달리하여 시청하는 행위를 OSMU라고 한다면, ASMD는 이용자가 이용할 수 있는 기기의 특성을 고려해 그에 적합한 콘텐츠를 선택하는 행위이다. 콘텐츠가 중심이라기보다 자신이 보유하고 있는 플랫폼이나 기기의 특성을 이용 행위의 중심에 두는 것이 특징이다. 이용자가 사용할 수 있는 영상 기기가 텔레비전과 모바일 기기가 있다면, 영화는 대형 텔레비전으로 시청하고 스포츠 하이라이트 클립 영상은 모바일로 시청하는 것이다.

또한 유튜브로 대변되는 동영상 플랫폼의 기술적 성장과 발전은 1인 창작자를 영향력 있는 콘텐츠 제작자로 진화시키기도 했다. 1990년대 중반부터 2000년대 중반까지 인터넷 방송을 의미하는 웹캐스팅 서비스가 왕성한 인기를 얻었다. 데이터 압축 기술이 발달하면서 동영상 전송 기술이 개선되었고, 이는 인터넷 방송 서비스 출현의 기틀이 되었다.

국내에서는 2004년 10월 판도라TV가 출범했고 판도라TV는 1인 창작자들이 UCC(User-Created Contents)와 UGC(User-Generated Contents)를 공유할 수 있는 장을 마련했다. 유튜브보다 앞서 등장한 온라인 동영상 플랫폼 서비

〈그림 1-4〉 MCN, 트레저헌터와 1인 창작자

자료: http://treasurehunter.co.kr/

스였던 판도라TV는 1인 창작자가 뿌리내릴 수 있는 토양이 되었다. 유튜브는 거름이 되어 척박한 토양을 비옥하게 만들었다. 2005년 2월 유튜브가 출범하자 1인 창작자는 유튜브에 자신이 제작한 동영상을 공개했다. 공개된 콘텐츠는 글로벌한 공유가 가능했다. 초기 콘텐츠는 개인의 일상을 중심으로 촬영한 영상이 주류를 이루었다. 그러다 점차 기존 콘텐츠를 편집하고 패러디하면서 콘텐츠 이용자의 저변을 확대해나갔다. 유튜브의 대중화에도 초고속 인터넷 보편화라는 기술적 발전이 가로질러 있었다. 이용자는 초고속 인터넷을 이용해 온라인 동영상 플랫폼에 올라온 영상을 불편 없이 이용할 수 있었기 때문이다.

방송 플랫폼의 다변화는 이용자가 이용할 수 있는 다수의 플랫폼과 기기를 이용자의 손에 쥐어 주었다. 그리고 플랫폼과 기기를 넘나들며 콘텐츠를 사용할 수 있는 데에는 이용자가 원할 때 언제든 콘텐츠를 볼 수 있는 비선형적 시청이 자리 잡고 있었다.

4) 비선형 시청 능력의 획득, 시공간적 속박 해제

디지털화는 수용자에게 시간의 통제력을 부여하고 공간 활용의 한계를 극복하게 했다. 수용자가 시공간적 구속으로부터 해방되자 아날로그 방송 시대에 강조되었던 생산자 중심의 선형적 시청(linear TV viewing) 흐름이 수용자 중심의 비선형적 시청(non-linear TV viewing)으로 무게중심이 이동했다. 텔레비전 프로그램을 텔레비전 수상기로만 시청할 수 있었던 시절에는 시공간적 편성 권력이 방송 사업자에게 있었다. 방송 사업자는 자신들이 원하는 콘텐츠를 원하는 시간에 원하는 채널을 통해 유통시키는 폐쇄적 플랫폼(walled garden)을 쥐고 있었다. 이는 일종의 편성 권력으로 나타났고, 시청자들은 방송사가 설치해놓은 편성의 울타리 안에서만 콘텐츠를 선택하고 채널을 이동할 수 있었다.

비선형 시청 환경[8]을 맞이한 이용자들은 텔레비전 프로그램을 군이 정형화된 편성 시간에 맞추어 시청하길 고집하지 않는다. 이제 시공간적 편성 권력의 주체는 방송 사업자가 아닌 이용자[9]이기 때문이다. 이용자들은 자신의 라이프 사이클에 따라 개인화된 시청을 사수하고 텔레비전 수상기 앞에 앉아야 하는 번거로움을 생략하면서 공간적 제약으로부터 서서히 벗어났다.

비선형 시청은 일반적으로 텔레비전 이외의 다양한 서비스 이용과 매체 이용을 수반한다. 이용자는 텔레비전으로 프로그램 시청 기기를 한정하지 않고 VOD[10] 등 다양한 비선형 서비스를 이용한다. 텔레비전이라는 시청의

---

8) 수용자들은 마음에 드는 방송 내용을 선별하고 광고를 건너뛸 뿐 아니라, 자신의 프로그램을 스스로 결정하고 선택하여 시간의 제약 없이 시청할 수 있는 수용자 통제형 방송체제를 맞이했다.

9) 지핑(zipping)이나 재핑(zapping)과 같은 텔레비전 시청 활동이나 찾아가기(navigating) 또는 탐색(surfing) 등의 시청 활동은 비선형적 시청의 일반적 사례이다.

〈그림 1-5〉 시공간 이동성, 미디어 기기, 콘텐츠 서비스 소비 방식과 수용자의 시청 방식

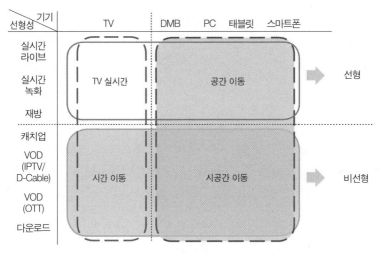

자료: 황주성(2014).

굴레를 벗어난 이용자는 과거에 찾아볼 수 없던 이용자 중심의 방송 콘텐츠 시청 경험을 출현시켰다. 이용자는 한 편의 프로그램을 한 번에 이어 보는 방식에 국한되지 않고, 편의에 따라 다양한 방식으로 여러 편을 이어 보거나 한 편을 끊어 보거나 잘라서 보거나 원하는 장면을 선별해 시청한다(심홍진·주성희·임소혜 외, 2016).

또한 비선형 시청의 특징은 비실시간적 이용, 양방향적 정보 이용 행태, 이용자 의지가 개입되는 풀(pull)형 미디어 등 다양하게 나타난다(김희경, 2010). VOD는 비선형적 시청의 특성을 고루 갖추고 있다. 물론 비선형 시청의 출발은 VCR이며, 이용자들은 VCR 녹화를 통해 시청 패턴을 바꿀 수 있었다. 그러나 VOD를 이용해 이용자는 기존 텔레비전 방송으로부터 누릴 수

---

10) VOD(Video On Demand): 통신망 연결을 통하여, 사용자가 필요로 하는 영상을 원하는 시간에 제공해주는 맞춤 영상정보 서비스(유은재, 2011).

없었던 시간적 유연성을 획득했고, 플랫폼을 옮겨 인터넷 상에서도 비선형성을 구현할 수 있게 되었다. 정보처리의 기본 알고리듬이 디지털 방식인 인터넷에서는 비선형이 어쩌면 당연한 구성 요소라 할 수 있다. 텔레비전 프로그램은 케이블 TV, 위성방송, IPTV(Internet Protocol Television, 인터넷 멀티미디어 방송) 등 유료방송 플랫폼에서 VOD로 주로 유통되고 있지만, VOD의 시청 경험은 인터넷에서 먼저 나타났다.

VOD의 비선형성은 수용자뿐 아니라 방송 콘텐츠 제공자에게도 영향을 미쳤다. 방송 콘텐츠 제공자는 그들이 견지했던 일반적 편성으로부터 비롯된 편향적 소비 흐름이 더 이상 유효하지 않음을 인정하고, 시간적 경직성으로부터 자유로워진 시청자의 '선택'을 가치 있게 평가했으며, 콘텐츠 또는 채널의 선택에 따라 수용자가 예상치 못한 채널 혹은 콘텐츠로 옮아갈 수 있음을 인정했다(임정수, 2008). 이러한 편성 흐름을 반영하듯이 KBS는 1998년에 VOD 서비스를 시작했으며, SBS는 1997년 인터넷 서비스를 시작했고, MBC는 1996년 인터넷 서비스를 시작한 후 2003년 4월 방송 콘텐츠의 유료화를 본격적으로 시작했다(임정수, 2013).

한편 스마트 미디어의 보급, 플랫폼의 다변화, 비선형적 시청 환경의 일반화는 이용자가 새로운 방송 콘텐츠 이용 경험을 개발하고 즐기는 바탕이 되었다.

5) 미디어 기술의 끝없는 도전, 제작 패러다임의 변화

방송 기술의 발달은 방송 제작 환경의 변화를 유의미하게 이끌어냈다. 인터넷 이동통신망의 발전은 'LTE'[11] 중계를 현실로 끌어내 전통적인 마이크

---

11) LTE 중계는 대형 위성 중계용 기기를 사용하지 않고 LTE 라우터(네트워크 중계장치)를

〈그림 1-6〉 드론(쿼드롭터)을 이용한 방송촬영

자료: 김동규(2016).

로파 중계방식에 새로운 결을 더했다. LTE 중계는 중계 과정에서 짧은 시간
의 지연이 발생하기도 한다. 그러나 과거의 마이크로파[12]나 SNG(Satellite
News Gathering)[13] 중계보다 효용성이 매우 뛰어나고 무선인터넷 중계 장비
의 가격도 활용도에 비해 매우 저렴한 편이다(김동규, 2016). 방송사들은 LTE

이용해 취재 영상과 리포트를 방송국에 전송하는 중계 방식을 의미한다. LTE는 통신망
을 기반으로 하기 때문에 방송 위성 등을 사용하지 않고도 생중계가 가능하다는 장점이
있다(신동훈. 2014.5.22).

12) 마이크로파 중계 방식은 마이크로파를 이용하는 무선통신으로 1~100GHz 정도의 전파
를 마이크로파라고 하며, 이 주파수대를 이용한 무선통신을 마이크로파 중계라 한다. 마
이크로파 안테나를 서로 바라볼 수 있는 송수신소 사이에 마주보게 하여 중계하는 것이
마이크로파 중계이며, 넓은 대역의 신호를 안정하게 전송할 수 있는 것이 특징이다(사이
언스올 과학백과사전, 「마이크로파통신」 항목 참조. http://bitly.kr/5GI).

13) 통신용 위성을 통해 현장에서 방송을 중계하는 방식을 말한다. 소형 안테나를 탑재한 위
성 뉴스 취재 지구국(SNG Earth Station)을 이용해서 각종 행사 등 뉴스 현장에서 방송용
ENG 카메라로 취재한 영상과 음성을 위성으로 전송하면 위성에서 이를 방송국으로 전
송하는 방식으로, 전송로 구성이 간편하고 기동성이 높다. SNG용 지구국은 차량에 탑재
한 이동형과 휴대형이 있다(자료: TTA 정보통신용어사전 http://bit.ly/2CfWDNp).

〈그림 1-7〉 VR의 기술적 유형

Virtual Reality (가상현실)	Virtual Environment (가상현실)	■ 시·청·감각 정보로 가상 세계를 제공 – HMD(Head Mounted Display) 및 동작 인식 장치들을 활용 ex. Oculus Rift, Samsung Gear VR	
	Augmented Reality (증강현실)	■ 현실 위에 가상의 정보를 결합 – 사용자가 눈으로 보는 현실세계에 가상의 물체를 겹쳐 보여주는 기술 ex. MS Hololens, Google Glasses	
	Augmented Virtuality (증강가상)	■ 가상 위에 현실의 정보를 결합 – 사용자의 움직임을 모니터에 투영해 주는 기술 ex. Nintendo Wii, Goltzon	
	Substitutional Reality (대체현실)	■ VR의 몰입도와 AR의 Interaction을 결합 – 현실의 사람 혹은 사람에 가상의 Image를 덧입혀, 가상현실 경험을 Interaction을 강화 ex. Magic Leap	
	Mixed Reality (혼합현실)	■ VR의 몰입도와 AR의 정보 전달력을 결합 – 여러 사람이 동시에 같은 상황을 체험. 원하는 위치에 Image를 배치 ex. Magic Leap	

자료: 콘텐츠진흥원(2016).

를 이용한 현장 중계를 확대해나갔다. 이제는 활용도와 중요도 측면에서 기존 방송 중계를 넘어서고 있다.

우리가 시청하는 방송은 언제부터인가 항공 촬영 영상을 심심치 않게 내보내고 있다. '드론(drone)' 촬영 기술 덕분이다. 드론은 본래 군사용 목적으로 탄생했으나 군사 분야 이외에도 교통, 재난 감시, 지리 정보 전송 등 다양한 분야에서 폭넓게 활용되고 있다. 군사 영역을 제외하고, 드론을 가장 활발하게 활용하는 영역은 방송 영역이라 할 수 있다. 드론은 항공 촬영에 주로 사용되던 헬리캠보다 손쉽게 항공 영상을 촬영할 수 있다. LTE 통신과 접목할 수 있어 고화질 항공 영상과 실시간 영상 전송 서비스도 가능하다. UHD TV의 상용화와 발맞춰 무선 인터넷이나 이동통신을 이용한 4K 영상 중계나 UHD 영상 중계 또한 가능할 전망이다(김동규, 2016).

방송 영상 콘텐츠 제작 기술은 화질 개선을 중심으로 이루어졌다. SD (Standard Definition)를 필두로 HD(High Definition)와 FHD(Full High Definition), 최근의 UHD(Ultra High Definition)의 흐름으로 화질 개선이 전개되었다 (콘텐츠진흥원, 2016).[14] 그러다 UHD 화질 이상은 육안으로 구분하기 힘들다는 평가가 대두되자, 방송 기술의 발전 방향은 화질 개선에서 촬영 방식의 개선으로 선회한다. 3D(3 Dimensions)를 필두로 VR[15]과 AR(Augmented Reality)은 실험적인 촬영방식을 확산시키는 데 결정적 역할을 담당하고 있다.

VR과 AR을 개념적으로 구분하기도 하지만, VR은 AR을 아우르는 상위개념이기도 하다. 나아가 VR은 인간의 감각기관에 기초하여 가상을 현실처럼 경험할 수 있도록 한다는 측면에서 VE(Virtual Environment), AV(Augmented Virtuality) 등 여러 하위 차원으로 구성된다. VE는 가상현실로 통용되는 우리가 아는 VR을 지칭하며, 가상현실을 경험하기 위해 HMD(Head Mounted Display)가 필요하다. AR의 대표적인 예로는 한때 선풍적인 인기를 끌며 우리 일상에 AR을 광범위하게 인지시킨 '포켓몬 고(Pokémon GO)'가 있다. 스마트폰을 활용해 이미지, 텍스트 등 가상의 정보를 현실에 덧입혀 현실세계의 제한된 정보를 가상의 정보로 보완·증대시킨 기술이 AR이다. AV(Augmented Virtuality)는 현실 세계와 가상 세계 사이에 영향력이 형성되

---

14) SD(Standard Definition): 640 X 480 해상도, 작은 점인 픽셀의 수가 가로 640개, 세로 480개가 있다는 의미로 35만 화소 정도의 저해상도 디스플레이.

HD(High Definition): 1280 X 720 해상도, 픽셀의 수가 가로로 1280개, 세로로 720개 있다는 뜻이며 흔히 720p로 표시.

FHD(Full High Definition): 1920 X 1080 해상도, FHD 해상도는 가로 픽셀 수 1920개, 세로 픽셀 수 1080개이며 일반적으로 1080p로 표시.

UHD(Ultra High Definition): 3840 X 2160 해상도, Ultra HD (울트라 HD)를 뜻하며, FHD가 4개가 있으며 UHD를 흔히 4k로 지칭(자료: http://guravia.tistory.com/36).

15) VR의 개념은 실제와 유사하지만 실제가 아닌 인공 환경을 의미하며, AR은 현실 세계의 환경 위에 가상의 대상을 결합시켜 효과를 극대화시키는 것을 의미한다(신경훈, 2016).

는 것을 의미한다. 현실의 행위가 가상 세계에 영향을 미치면서 얻게 되는 경험으로 이해할 수 있다. 스크린을 이용하는 가상 야구 연습장에서 이용자는 가상의 경기장에서 실제의 배트를 이용하여 타격을 한다. 현실의 타격 정보가 가상 세계를 보완, 증진시키기 때문에 가능한 경기 방식이다. SR(Substitutional Reality)은 현실 세계에 존재하는 인물이나 사물에 가상에서 인식할 수 있는 일종의 표식(이미지 등)을 부착하는 것이다. 표식이 부착된 현실 세계의 물체(object)는 HMD를 통해 가상 세계의 물체로 인식된다. MR(Mixed Reality)은 SR에서 한 발짝 더 진보된 AR이다. AR이 제공하는 실사의 정보를 모두 담아내 HMD 없이도 현실에서 가상현실을 즐길 수 있는 기술이다.

VR은 2015년 방송 영상 기술의 새로운 전기를 열며 관심의 대상으로 떠올랐고 2016년 들어는 전 세계를 들썩이고 있다. 관심을 이끌어낸 시기로만 평가해보면 VR은 최근의 새로운 방송 트렌드로 판단할 수도 있다. 하지만 국내 방송[16]은 2010년부터 뉴스, 리포트, 날씨 등 다양한 방송 영역[17]에서 VR을 활용한 프로그램을 제작하고 있다. 2010년 이후 KBS는 VR과 AR을 꾸준히 개선해 지금은 뉴스의 심층 분석, 기획 코너 등에 적극적으로 활용 중이다. 방송사만이 VR과 AR의 활용을 추동하는 것은 아니다. 통신사 또한 VR 영상 제작을 촉진하고 있다. 가령 KT는 VR을 이용한 스포츠 영상 제작에 뛰어들었다. KT는 2016년 4월 VR 야구 경기를 제작해 스마트폰과 HMD를 이용하여 시청할 수 있는 서비스를 이용자에게 제공했다.[18] KT의 VR 중계

---

16) KBS는 2010년 '이슈 앤 뉴스' 섹션을 시작으로 가상현실과 증강현실 기술을 뉴스 콘텐츠 제작에 본격적으로 활용하기 시작했다(신경훈, 2016).

17) MBC도 〈무한도전〉 500회 특집, 〈쇼핑왕 루이〉 등을 VR로 촬영하여 시청자의 새로운 경험을 추동했다.

18) 시청방식은 스마트폰으로 영상을 재생하여 플리킹으로 360도 회전을 하며 시청할 수 있

는 스포츠 경기를 세계 최초로 VR로 중계한 역사적인 시도였다. KT는 2016년 8월 스포츠 중계를 넘어 음악 전문 지니(genie)[19] VR 서비스[20]를 출시했다. 이용자들은 VR을 이용해, 보는 것을 넘어 경험하는 서비스와 가치를 획득하고 있다. 최근에는 VR로 상품을 탐색하고 결제할 수 있는 단계로 접어들면서 VR과 커머스의 결합까지 시도되고 있다.

2. 수용자의 성장과 진화: 순응 혹은 일탈, 그리고 진화

1) 수용자의 다중 인격, 주체적 미디어 이용의 산물

미디어의 발달과 수용자의 진화는 그 궤(軌)를 같이 한다. 미디어의 발달에 따라 다양한 수용자의 개념이 탄생하곤 한다. 미디어가 대중화되기 전의 수용자는 연극이나 게임 등을 극장이나 광장과 같은 현실 공간에서 다른 사람들과 함께 어울려 관람하고 즐기는 무리에 불과했다. 인쇄술이 등장하자 대량으로 책이 생산되고 신문이 널리 보급되면서 특정한 목적을 중심으로 독자 공중(reading public)이 출현했다. 독자 공중은 수용자의 출발을 알리는 신호탄이었다. 독자 공중은 신문을 구독하며 공통의 사회적 쟁점을 숙의하고 짧은 시간 내에 자신의 의견과 쟁점을 수용했다. 20세기에 접어들면서 전자

는 단안 모드와 스마트폰을 HMD에 장착하여 몰입감을 높일 수 있는 양안 모드 두 가지 방식으로 제작했다(콘텐츠진흥원, 2016).

19) 지니 VR은 다중 카메라, 지미 집(Jimmy Jib) 등을 활용함으로써 VR 촬영 기술을 일반 TV 방송 기술 수준으로 끌어올렸다는 평가를 받는다(콘텐츠진흥원, 2016).

20) KT는 지니 VR 전용관을 마련하고, 여러 인기 가수들의 라이브 공연과 뮤직비디오를 VR로 제공했다. 이용자는 스마트폰을 이용해 360도 VR 영상을 시청하거나, HMD를 스마트폰에 장착한 후 VR 영상을 감상할 수 있었다.

〈그림 1-8〉 미디어 발달과 수용자의 출현

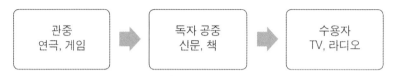

| 관중
연극, 게임 | ➡ | 독자 공중
신문, 책 | ➡ | 수용자
TV, 라디오 |

미디어가 등장하자 수용자라는 개념은 출판 미디어로부터 영화, 레코드, 라디오, 그리고 텔레비전을 시청하는 사람들을 총칭하고 아우르는 개념으로 확대되었다(유재천·한진만·강명현 외, 2010). 신문은 정보 매체로서 독자 공중을 무한히 확대시켰다. 텔레비전은 오락 매체로서 불특정 다수의 수용자를 생산했다.

미디어가 확산되며 수용자는 미디어의 경제적·정치적 목적에 따라 새로운 수용자 개념에 귀속되기도 한다. 텔레비전의 대중화는 미디어 기업에게 이윤을 안겨주는 경제적 수단으로서의 시장 수용자 개념을 탄생시켰다. 그리고 텔레비전 프로그램은 수용자 극대화를 추구하는 텔레비전, 특히 상업 텔레비전의 주요한 도구였다(이엔 앙, 1998). 수용자는 텔레비전 프로그램을 소비하는 주체이면서 동시에 프로그램을 통해 광고되는 상품을 소비하기도 한다(McQuail, 1987: 220~221). 따라서 상업 방송의 주된 관심은 상품으로서의 시장 수용자(audience-as-market)이다. 광고주에게 시청자는, 시장 소비자는 상품이 된다. 이는 방송 시장이 가지는 양면 시장의 특성으로부터 기인한다. 수용자는 텔레비전 프로그램을 무료로 이용하는 것처럼 보이지만 사실은 프로그램을 시청하는 수용자 무리로서 광고주에게 판매되는 것이다(조수선·이숙정·이미나 외, 2014). 반면, 공영방송은 상업방송의 대척점에 위치하면서 공중 수용자(audience as-public)에 주목한다. 공중 수용자는 이윤의 수단이자 가치인 시장 수용자가 아닌 일반 시민을 일컫는다. 그래서 공영방송은 시민에게 봉사할 수 있는 공공 서비스로서 공공성, 공정성, 공익성 등의 가치에 무게중심을 둔다. 공중 수용자는 공공 서비스인 공영방송을 이용하여 민주적 권리와 의무를 수행할 수 있도록 오락, 계몽, 교육, 정보를 고루 제공받는다(이엔 앙, 1998). 즉, 공영방송은 오로지 수용자들을 계몽하고 교양 수준을 높여 주며 즐겁게 해주기 위한 시스템이다(그레이·로츠, 2017). 따라서 공중 수용자의 관점에서 수용자를 미디어를 '소비'하는 객체로서 개념화하는 것은 적절하지 않다. '소비'라는 단어에는 이미 효용(utility)을 증가시키기 위해 대가(비용이나 그에 상응하는 것)를 지불한 소비자의 경제적 행위가 전제되어 있기 때문이다(조수선·이숙정·이미나 외, 2014). 게다가 공중 수용자는 희소성에 근거한 전파 자원을 국가 사업자가 운용하는 '공공재'로서 방송을 바라본다. 요컨대, 시장 수용자와 공중 수용자의 개념은 수용자를 기업 이윤 추구의 수단으로 보느냐 공공방송이 서비스해야 할 대상으로 간주하느냐에 따라 구분된다.

수용자의 행동 변화 관점으로 시장 수용자와 공중 수용자를 들여다보면, 시장 수용자가 공중 수용자보다 수용자 행동 변화와 긴밀하게 연결되어 있음을 확인할 수 있다. 사실 기술 변화와 수용자 행동 변화를 두고 수용자의 세분화, 전문화, 연결성(connectedness), 관여도(involvement), 참여(engagement) 등 수용자 행동 변화를 지칭하는 유용한 개념들이 등장했는데, 여기서 지칭하는 수용자는 공중 수용자라기보다 시장 수용자에 가깝다. 그리고 이러한 개념들은 수용자의 미디어 이용 본질을 이해하기 위해 매우 유용하다. 예를 들어, 참여라는 용어는 연결성, 관여도와 같은 여타 수용자 행동 변화와 연관되어 있다. 정도의 차이가 있을 뿐 일찍이 매체 발달 초기부터 존재한 용어이자 개념이다. 시장 수용자는 수용자 행동 변화 개념들 가운데 '수용자 참여(audience engagement)' 개념을 재등장시키는 데 기여했다. 참여라는 관점은 잡지와 신문 등 인쇄 미디어가 수용자들의 경제적 가치를 광고주에게 확신시키려는 노력의 일환이다(나폴리, 2013). 수용자 참여는 인쇄 매체,

텔레비전 방송, 그리고 온라인과 같은 플랫폼의 특성을 반영해 정의되고 조작화되었으며, 수용자의 참여를 상업화하기 위한 시도들도 있었다(Atlas Institute, 2008; Neely, 2008). 참여가 이끌어내는 경제적 가치의 확인, 참여의 상업화가 시장 수용자 개념의 기저에 위치해 있는 것이다. 이를 고려하면, 시장 수용자는 수용자 참여와도 긴밀하게 연관되어 있다. 다만, 참여의 특징과 관련지어 실제로 참여가 무엇을 의미하는지, 어떻게 조작되어야 하는지, 그 기준들은 상당히 모호하다. 수용자 '참여'에 주목하는 연구자들은 참여의 작동 원리나 효과 등에 관한 명료성이 부족하다고 주장한다(Woodard & Gridina, 2000). 참여는 1차원적이고 단일한 개념이라기보다 정치적·경제적 가치 등을 반영하는 다차원적이고 복합적인 개념이다.

참여자로서의 수용자는 미디어의 기술적 뒷받침에 힘입어 창작자로 거듭난다. 스마트 미디어가 확산되면서 이용자들은 기성 콘텐츠의 소비와 단순한 참여에 머물지 않고, 콘텐츠 생산에 직접 참여한다. 스마트폰에 기본 탑재된 유튜브를 필두로 동영상 플랫폼의 발달은 이용자를 콘텐츠 제작자(content holder)로, 다시 말해 콘텐츠 창작자로 변화시키는 결정적 계기를 마련했다. 소비자에서 생산자로의 변화를 생태계 차원에서 살펴보면, 이는 역할의 변화일 뿐 아니라 개념의 변화이기도 하다. 사람들은 소비에 그치지 않고 자신의 관심사와 의견이 투영된 자신만의 콘텐츠를 생산하고, 이를 동영상 플랫폼으로 유통시킨다. 우리가 알고 있는 1인 창작자 혹은 1인 크리에이터들이 바로 이들이다. 1인 창작자는 자신의 콘텐츠로 젊은 세대들이나 유사한 관심을 공유한 커뮤니티 구성원과 적극적으로 소통해 그들의 니즈를 반영하고 충족해주는 콘텐츠를 제공한다. 시청자의 특별한 요구에 부응한 1인 창작자는 인플루언서(Influencer)로 거듭난다. 팬덤(fandom)을 형성하고 새로운 문화 소비 트렌드를 주도하며 문화적인 영향력을 행사한다. 인플루언서들은 콘텐츠뿐 아니라 자신의 삶의 일부를 팬덤에게 공개하여 팬들과의 거리를 좁힌다. 휴먼 커넥션을 공고히 한 인플루언서들은 마케팅 측면에서도 주목을 받는다. Visual Capitalist의 조사에 따르면 인플루언서 마케팅이 고객 확보에 매우 효과적인 것으로 나타났다(Visual Capitalist, 2017). 1인 창작자는 유튜브에서 인기를 얻어 인플루언서로 진화한다. 페이스북이나 인스타그램 등 팬덤을 결집시킬 수 있는 소셜 미디어를 유튜브와 결합시키면서 인플루언서는 팬덤을 지속하고 강화시킬 수 있다. 흥미롭게도 인플루언서의 탄생과 사회적·문화적 영향력 확대에 소셜 미디어라는 새로운 미디어가 가로지르고 있음을 엿볼 수 있다.

앞서 살펴본 것처럼, 경제적 수익은 사람이 모이는 곳으로부터 발생한다. 예컨대 인플루언서와 유튜브는 수익 창출이라는 공통의 목표를 선정한다. 유튜브는 인플루언서와 광고주를 중개하고, 잠재적 고객을 확보하며, 콘텐츠를 편성하고, 크리에이터와 공동 작업할 수 있는 환경을 마련한다. 여기에 MCN(Multi Channel Network)이 출현한다. MCN은 크리에이터들의 디지털 저작권을 관리하며, 수익 창출 및 판매 등의 서비스를 제공한다(미디어산업보고서, 2017). MCN은 2007년 이후 유튜브가 수익 배분 정책을 실시하면서 빠르게 성장한다. 국외에서는 2007년 머시니마(Machinima)를 시작으로 2009년의 메이커스튜디오(Maker Studio) 및 베보(Vevo), 2012년 어섬니스TV(Awesome-nessTV) 등이 글로벌 MCN으로 성장했다. 국내에서도 2011년 유튜브의 수익 배분 정책을 기반으로 2013년 국내 최초 MCN인 '크리에이터그룹(Creator Group)'이 등장했다. 크리에이터그룹은 후에 다이아TV(Digital Influencer and Artist TV)로 전환한다. 다이아TV에 이어 비디오빌리지, 트레져헌터 등이 MCN 콘텐츠 제작을 선도하고 있다.

한편, 콘텐츠 생산의 변화는 연이어 미디어 소비문화의 변화를 추동한다. 스낵 한 봉지를 비울 만큼의 시간만 주어지면 우리는 콘텐츠를 소비할 수 있다. 짤막한 콘텐츠 생산이 웹을 중심으로 이루어졌기 때문이다. 그러자 이러한 소비 풍조에 상응하는 '스낵 컬처'가 소비문화의 새 얼굴로 자리매김했다. 나아가 이러한 스낵 컬처는 기성 콘텐츠에 파급효과를 미치기도 했다. 웹드라마와 웹예능, 웹툰, 카드뉴스 등 짧은 시간에 웹에서 간단하게 소비할 수 있는 콘텐츠들이 기성 콘텐츠의 틈을 비집고 있기 때문이다.

2) 구성체(construct)로서의 능동성, 피아니시모에서 포르티시모로

기술의 발달은 수용자의 능동성을 선택성, 관여성, 참여성, 저항성 등 텔레비전과 수용자 사이에 형성되었던 기존의 가치를 다차원적으로 정의한다. 한편 능동성의 재개념화를 촉진시키기도 한다. 수용자의 능동성 개념은 커뮤니케이션의 중심이 미디어로부터 수용자에게로 이동하면서 본격적으로 논의되었다. 이용과 충족 연구자들은 이와 같은 커뮤니케이션 중심의 이동을 "미디어가 수용자에게 어떠한 영향을 미치는가(what do the media do to people?)"에서 "수용자가 미디어를 어떻게 이용하는가(what do people do with the media?)"로 가치의 중심이 이동한다고 주장했다(Blumler, 1979; Cantor and Cantor, 1986; Levy and Windahl, 1984). 여러 이론 가운데 이용과 충족 연구는 수용자의 역할을 강조함으로써 수용자의 능동성을 강조하고자 했다. 그러나 수용자의 능동성은 단일 차원보다는 복합 차원에서 규정되었다. 예를 들어 팜그린 등(Palmgreen, Wenner, & Rosengren, 1985)은 수용자의 능동성을 선택성(selectivity), 의도성(intentionality), 활용성(utility), 관여성(involvement), 영향에 대한 저항력(imperviousness to influence)을 포함하는 다차원적 개념으로 설명했다(임정수, 2008). 선택성은 수용자가 미디어 콘텐츠를 선택할 경우 목적 지향적이든 도구 지향적이든 일련의 기준에 입각하여 콘텐츠를 선택하는 것을 의미한다. 선택성 또한 능동성 개념처럼 다양한 차원으로 분류되기도 한다. 선택성은 행동적(behavioral), 지각적(perceptual), 인지적(cognitive) 기준을 토대로 이루어진다. 또는 텔레비전 시청 행위가 발생하는 시점을 기준으로 선택적 행위를 조작하기도 한다. 레비와 윈달(Levy and Windahl, 1984)에 따르면 텔레비전 이용 전(preactivity) 채널 선택과 텔레비전 시청 중에 특정 프로그램에 주목(duractivity)할 때 선택이 발생하며, 시청한 프로그램을 회상할 때(postactivity) 수용자의 선택성이 발현된다고 강조했다. 임정수(2008)는 팜그린 등(Palmgreen, Wenner, & Rosengren, 1985)이 제시한 선택적 노출이 앞서 언급한 레비와 윈달의 시청 전 행동 차원과 유사하다고 보았다.

관여성은 수용자가 개인적 차원에서 텔레비전 프로그램에 얼마나 개입 또는 관련되는지를 뜻한다(Perse, 1990). 퍼스의 관여성은 인지 심리학에서 선택성을 세 개의 차원(행동, 지각, 인지)으로 정의한 것과 유사하다(임정수, 2008). 퍼스가 역설하는 관여성은 프로그램 노출 이전, 노출 중에 발생하는 행동적·지각적·인지적 활동과 연결되어 있다. 프로그램 노출 이전에 프로그램에 대해 갖는 개인의 주관적 기대를 일컫는 의도성, 프로그램 이용 중에 특정 프로그램에 집중하기 위해 지각적·인지적 자원을 소비하는 선별적 주목(selective attention), 프로그램 내용을 개인의 지식과 연결시키고 프로그램에 대한 인지적 사고를 투여하는 정교화(elaboration), 프로그램 시청 중 다른 행위로 개인의 집중력을 분산시켜 프로그램의 의미와 가치를 저하시키는 산만한 행동 정도(distracting activities)와 맞닿아 있다(Perse, 1990: 679).

수용자의 능동성은 텔레비전 프로그램에서 파생되는 메시지에 대한 저항력으로 규정되기도 한다. 메시지에 대한 수용자의 저항력이 클수록 능동성이 크다고 할 수 있다. 그리고 어떠한 매체에 실려 메시지가 전달되느냐에 따라 저항력의 정도가 달라질 수 있다. 미디어가 전달하는 일관된 메시지를 수용자가 선택적으로 혹은 선별적으로 수용하는 행위나 대중 미디어의 메시지보다는 현실 공간에서 지인 네트워크로부터 획득하는 메시지가 설득력이 더 클 수 있는 이유이다. 물론, 일부 의견은 수용자의 능동성 한계를 언급하기도 한다. 수용자들이 텔레비전 프로그램을 특별한 기호나 취향, 선호 없이 의례적으로 시청하며(Rubin, 1981), 텔레비전 프로그램이 제공하는 메시지 전달 구조의 영향으로 텔레비전 시청 습관을 체화한다는 것이다(Rosenstein and Grant, 1997).

지금까지 논의한 수용자의 능동성을 구성하는 다양한 하위 차원의 개념들은 뉴미디어의 환경을 만나 그 외연을 확장하고 있다. 케이블 TV의 등장은 능동성 측면에서 선택적 미디어 이용 행위를 확산시켰고, 인터넷은 참여적 행위를 가능하게 했다(김은미·심미선·김반야, 2012). UCC와 UGC가 등장하면서 수용자는 콘텐츠의 제작과 생산에 참여하며 수용자의 능동성을 한 차원 넓혔다.

UCC 및 UGC 이외에도 텔레비전 프로그램이 소셜 미디어와 만나면서 기존에 존재하지 않았던 공유성 개념이 새로운 차원의 수용자 능동성 지표로 포섭되기도 한다. 소셜 미디어의 능동성 정도에 층위가 생기기도 한다. 예를 들어 소셜 미디어를 이용하면서 지인의 콘텐츠에 단순히 '좋아요' 같은 선호 표시만 남기는 사람에 비해 텔레비전 프로그램을 소비하면서 특정 콘텐츠를 적극적으로 유통시키는 이용자가 보다 능동적인 수용자라 할 수 있다. 기기의 결합 또한 수용자의 능동성을 증가시킬 수 있는 변수로 작용한다.

TV 스크린과 모바일 스크린의 결합으로 나타난 텔레비전 수용자와 소셜 미디어의 결합은 메시지의 저항력을 과거 미디어 환경에 비해 월등히 높일 수 있다. 또한 수용자가 소셜 미디어를 이용해 주고받는 프로그램이나 관련 콘텐츠는 이미 자신에게 최적화된 콘텐츠이다. 이는 소셜 미디어와 결합한 텔레비전 수용자가 기존 방송 프로그램이 생산하는 의제로부터 자유로워질 수 있음을 시사한다. 수용자가 미디어의 지배적인 의제로부터 자유로워질 수 있는 통제력이 증대한다면 수용자의 메시지 저항력 또한 높아질 가능성도 있다.

수용자는 스스로 의미를 창조할 수 있다는 점에서, 그리고 대량 문화에서 필요한 부분을 '탈취(excorporating)'하여 자기 나름대로 사용할 방법을 발견해낸다는 점에서 '능동적 존재'라 할 수 있다(그레이·로츠, 2017). 커뮤니케이션 테크놀로지의 발달은 텔레비전 수용자의 능동적 행동 양상을 전 방위로 변화시키고 있다. 능동성 개념은 미디어의 발달과 연동될 수밖에 없다. 따라서 미디어의 발달 추이에 발맞춰 지속적으로 능동성을 정교화할 필요성이 제기된다.

3) 연결된 개인, 비판적 공중의 잉태

이용자들을 사회적으로 연결시켜 이용자들의 공유, 협력, 개방이 가능해졌다는 점에서 소셜 미디어는 기존 매체들과 확연히 구분된다. 소셜 미디어는 특정한 관심과 활동을 공유하는 사람들 사이의 관계망이다. 소셜 미디어의 이러한 특성은 네트워크화된 개인의 등장 배경이 되었다. 소셜 미디어라는 가상공간에서 발생하는 사회적 상호작용은 과거 가족 구성원이나 친구 등으로 이루어진 지인 네트워크보다 훨씬 확장된 형태로 동시다발적으로 네트워크가 구현된다.

소셜 미디어와 텔레비전을 조합시키면 소셜 미디어는 텔레비전 프로그램으로 이어진 이용자들이 만나 소통하고 교환하고 조합할 수 있는 온라인 공유지로 기능한다. 텔레비전과 소셜 미디어를 두루 이용하는 이용자는 자신이 선호하는 프로그램을 추천하거나 의견을 게재하는 데 그치지 않는다. 텔레비전과 관련된 콘텐츠를 자신의 연결망 내에 활발하게 유통시킨다. 이러한 온라인 공유지는 하나의 프로그램을 둘러싸고 다수의 이용자가 연결된 네트워크화된 개인주의(networked individuals)를 탄생시킨다. 웰만(Wellman, 2001)은 디지털 미디어 기술의 발전이 수용자들 사이의 연결성을 높여 수용

〈그림 1-9〉상자, 글로컬화, 네트워크화된 개인주의

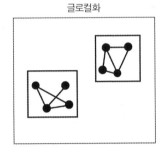

작은 상자들 　　　　　　　　　　　　　 글로컬화

네트워크화된 개인주의

자료: Wellman(2001).

자가 시간과 공간의 제약을 극복한 자유로운 관계망들을 형성할 수 있게 되었고, 특정 집단의 구속으로부터 탈피해 자신의 이해, 관심사, 기호에 따라 네트워크를 연결, 형성하는 주체적이고 능동적인 개인이 출현했다고 말한다. 동질적이면서도 분리되어 있던(homogeneous but still unlinked) 군중들로부터 이질적이지만 긴밀히 연결된 개인들(heterogeneous but networked individuals)이 출현한다(이종혁, 2012).

네트워크화된 개인주의는 소셜 미디어라는 디지털 공유지에 텔레비전 프로그램을 매개로 사회적 시청(social viewing)[21]을 유행시켰다.

---

21) 미디어의 교차 이용 가능해짐에 따라 나타난 새로운 커뮤니케이션 양식이 사회적 시청이다(이민규·김영은, 2014). 보통 텔레비전(첫 번째 스크린)과 온라인(두 번째 스크린)이라는 두 개의 스크린을 이용해 콘텐츠 시청과 다른 이용자와의 소통을 동시에 한다.

텔레비전과 소셜 미디어 간의 결합은 베리 웰만(Barry Wellman)이 개념화했던 네트워크화된 개인주의(networked individualism)에 근거한 비판적 공중을 배양했다. 전통적인 텔레비전 수용자는 수동적이고 사회적 현안에 무관심하며 미디어의 프레임에 쉽게 선동되는 존재로 인식되었다(Livingstone, 2005). 그런데 네트워크화된 군중은 자신에게 노출된 프로그램의 의견과 감정을 네트워크를 이용해 지인들과 교류하고 공유하는 과정을 거친다. 교류와 공유 과정에는 프로그램으로부터 발견한 문제들을 검토하고 오류를 진단하는 비판적 행위가 포함된다. 나아가 관심사가 유사한 사람들과 문제와 오류를 생산 주체에 전달하고 이를 해결하기 위한 공동 행동을 전개하기도 한다. 데이언(Dayan, 2005)은 이를 '능동적 시민'으로 정의했다. 능동적 시민은 사회적 시청 시에 자신의 경험이나 관점에 기초하여 프로그램을 평가하고 의견을 게재하기 마련이다. 게재된 의견은 소셜 미디어 내에서 광범위한 상호작용을 통해 다양하고 객관적인 평가를 이끌어내고 이 과정에서 자신의 의견과 일치하는 네트워크 내의 다른 이용자들을 포섭할 수 있다. 사회적 시청은 이러한 절차를 거쳐 사회적 이슈를 비판적으로 해석할 수 있는 환경을 조성함으로써 '비판적 공중'으로서 능동적 시민의 등장 가능성을 확연히 높일 수 있다.

두 매체의 속성이 어우러져 프로그램에 관한 대화, 정보 등이 공유됨으로써 사회적 상호작용이 활발해지고 상호작용은 시청의 즐거움을 배가시킬 수 있다. 물리적으로는 개인적 시청인 것처럼 보이지만 좀 더 들여다보면 개인용 커뮤니케이션 미디어를 통해 타인과 시청 경험을 공유하는 '개인적 집단화(individual collectivization)'가 전개되고 있다고 보는 것이 옳다(이동후, 2012: 172~192). 사회적 시청은 텔레비전의 개인 시청 패러다임을 집단 시청 또는 공동 시청으로 재전환했다. 과거 집단 시청(collective viewing)과 공동 시청(co-viewing)의 결집 공간이 오프라인이었다면, 사회적 시청을 통한 집단 시청과 공동 시청은 온라인에서 결집과 사회적 상호작용을 일으킨다는 차이가 있다.

4) 내일의 미디어 이용자를 담은 어제와 오늘의 미디어

수용자 진화의 시작은 미디어의 진화에서 비롯되었다. 물론 이 같은 관점은 기술결정론적 시각에 매몰되었다는 비판을 받을 수 있겠다.

그러나 새롭게 출현하는 미디어를 이용자가 소비하면서 이용자는 해당 미디어에 적응한다. 동시에 해당 미디어의 기능을 변형한다. 이용자가 미디어에 적응하고 기능을 변화하는 단계에 도달하면 미디어 개발자는 이를 새로운 미디어 개발이 요구되는 자극, 촉발, 또는 강제로 받아들인다. 〈그림 1-10〉과 같이 미디어 이용자의 미래상은 미디어의 출현, 적응, 극복, 다시 새로운 미디어의 개발로 이어지는 순환 고리 위에 놓여 있다고 볼 수 있다. 바꿔 말하면, 현 시점에서 이용자의 미래상을 명확하게 규정하기 어렵다는 의미이다. 그럼에도 기존 미디어의 진화와 이에 따른 이용자의 진화 과정을 추적해본다면, 미래의 이용자가 어떻게 존속할지 추정해볼 수 있다. 그렇다고 초기 방송과 이용자의 관계까지 거슬러 올라갈 필요는 없다. 최근에 목격되는 미디어 진화가 이용자 진화와 연결되는 지점을 확인하는 것만으로도 이용자의 미래상을 예견할 수 있을 것이다.

미디어 진화의 출발점을 ICT(Information Communication Technologies) 발전으로 제한하면, 이용자가 소비하는 콘텐츠는 전통적인 방송 콘텐츠 소비에서 온라인을 이용한 동영상 콘텐츠 소비로 소비의 영역과 콘텐츠의 대상이 확대된다. 인터넷을 거머쥔 이용자는 전통적인 방송이 제공하는 방송 콘텐츠에 만족하지 못한다. 이른바 동영상 콘텐츠가 성행하고, 기존의 방송 콘텐츠는 '동영상 콘텐츠'에 포섭된다. 온라인상에서 동영상 콘텐츠로 방송 콘텐츠를 소비하는 이용자에게 전통적인 텔레비전 수상기는 의미가 없다. 텔레비전 수상기를 보유하지 않는 제로TV 이용자에게 방송 서비스는 무의미하다. 이들은 방송 서비스에 가입하지 않는다. 스마트폰이나 컴퓨터로 N스

〈그림 1-10〉 미디어 발생의 순환고리

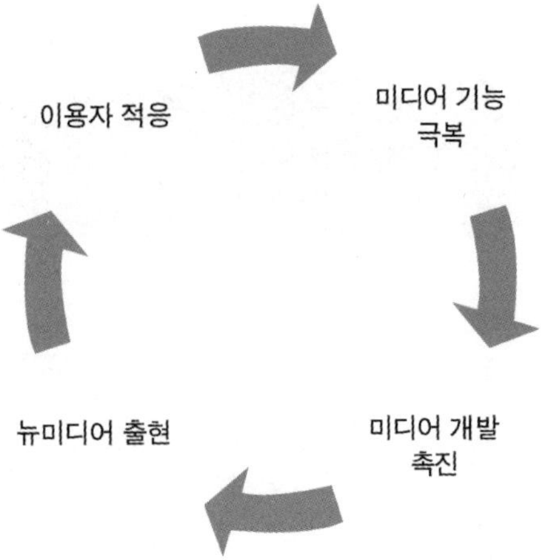

이용자 적응

미디어 기능
극복

뉴미디어 출현

미디어 개발
촉진

크린 서비스나 모바일 VOD를 이용하여 영상을 시청한다. N스크린과 VOD
의 이용 확대는 유무선 인터넷망을 이용해 기성 방송 사업자의 텔레비전 프
로그램이나 영화와 같은 멀티미디어 콘텐츠를 제공하는 OTT 서비스 이용의
증가로 이어진다. 그리고 ICT 발전에 기초한 OTT와 같은 새로운 유형의 콘
텐츠 서비스는 이용자의 미디어 플랫폼 전환을 초래한다. 텔레비전 중심의
미디어 플랫폼이 스마트폰이나 태블릿 PC와 같은 개인화된 미디어 플랫폼
으로 분화한다. 이용자는 개인화된 미디어 플랫폼에서 모바일 공간이라는
새로운 활동 영역을 창출한다. 모바일 공간으로 미디어 이용 플랫폼을 확보
한 이용자는 텔레비전 중심 시대에 미디어 플랫폼의 편성 표상이었던 시공
간적 제약으로부터 탈피한다. 밀레니엄 세대로 대변되는 이용자들은 스마
트 미디어 기기와 초고속 인터넷 서비스라는 창과 방패를 거머쥐고 콘텐츠
소비를 자신의 시간과 기호로 재단 중이다.

스마트 디바이스의 진화는 모바일 기기에 친숙한 디지털 네이티브를 등
에 업고 '모바일 퍼스트(mobile first)'라는 기조 아래 콘텐츠 융합의 가속화를

〈그림 1-11〉 증강현실과 가상현실의 결합

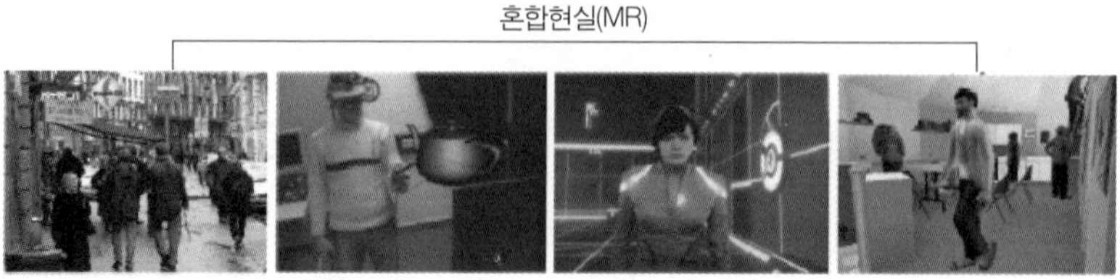

혼합현실(MR)

| 실제 환경 | 증강현실(AR) | 증강가상(AV) | 가상현실(VR) |

자료: HULIVAHANA(2017.4.9).

낳았다. 모바일에 적합한 형태로 웹과 드라마가 조합된 10분 내외의 짤막한 드라마가 웹드라마라는 신개념을 차용해 제작되었다. 웹드라마는 다시 웹예능, 웹영화 등으로 그 저변을 확장해나갔다. 모바일 기기는 제작의 편의까지 이용자에게 제공했다. 이용자는 크리에이터의 역할을 수행하게 되고, 시공간적 제약의 탈피는 물론 수용자에서 크리에이터로 변모시킨다. 모바일에 친숙한 디지털 네이티브는 자신의 모바일 기기를 유통 플랫폼에서 제작 장비로 손쉽게 전환시킨다.

소셜 미디어가 제공하는 유통의 간결성은 이용자를 제작자로부터 가치사슬(value chain)에서 흔히 말하는 콘텐츠 크리에이터로 격상시킨다. 관심사를 공유하는 지인에게만 유통하는 콘텐츠가 아닌 다수의 관심과 주목을 받고, 나아가 사회적 어젠더까지 제기할 수 있는 '문제적' 콘텐츠를 생산하고 유통시킬 수 있는 능력을 기술의 힘으로 배양한다. 전통 매체의 전유물이었던 콘텐츠의 실시간 방영은 물론 이용자들은 자신이 제작한 콘텐츠를 스스로 편집하고 제작하고 유통한다. 이용자는 어느새 모바일 기기를 손에 쥐고 자신의 영상을 제작하고 유통하는 호모브로드캐스터(Homo-broadcaster)가 된 것이다.

수용자의 내일을 예단하기는 어렵다. 다만 방송 또는 커뮤니케이션 기술

〈그림 1-12〉 음성기반 IoT, 아마존에코

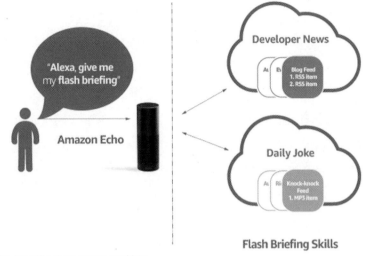

Developer News

Daily Joke

Flash Briefing Skills

자료: https://developer.amazon.com/alexa

발전과 수용자의 진화라는 순환 고리 원리에 따라 현존하는 기술의 특성을
파악하면서 변화할 내일의 수용자를 이해할 유효한 실마리를 찾기를 기대할
뿐이다. 수용자는 가까운 미래에 VR과 MR(Mixed Reality), IoT,[22] 그리고
AI[23]가 결합된 방송 환경에 노출될 가능성이 높다. VR은 이미 살펴본 대로
지금도 방송 제작 환경 곳곳에 등장하고 있고, MR은 VR과 AR의 장점을 결
합하여 이용자에게 궁극의 콘텐츠 경험을 제공할 가능성이 잠재되어 있다.

---

22) 사물 인터넷(Internet of Things: IoT)은 각종 사물에 센서와 통신 기능을 내장하여 인터
넷에 연결하는 기술을 의미한다. 인터넷으로 연결된 사물들이 데이터를 주고받아 스스
로 분석하고 학습한 정보를 사용자에게 제공하거나 사용자가 이를 원격 조정할 수 있는
인공지능 기술이다(자료: 위키백과 http://bitly.kr/7cZ).

23) 인공지능(Artificial Intelligence: AI)은 인간의 지능으로 할 수 있는 사고, 학습, 자기계발
등을 컴퓨터가 할 수 있도록 하는 방법을 연구하는 컴퓨터 공학 및 정보기술의 한 분야
로서, 컴퓨터가 인간의 지능적인 행동을 모방할 수 있도록 하는 것을 의미한다(자료: 국
가과학기술정보센터 http://bit.ly/2lHJQNq).

물론 MR이 방송 환경의 기축으로 역할하기 위해서는 기기의 불편함을 해소하고, 관련 소프트웨어의 안정성과 완성도를 높여야 하며, 범용성 또한 확보해야 한다. 그럼에도 VR과 MR은 이용자에게 높은 몰입감과 실감형 콘텐츠를 제공할 수 있다. 이용자의 콘텐츠 경험 방식과 향유 방식을 뒤바꾸며 더 나은 체험 환경을 갖춘 '차세대 플랫폼'의 도래를 기대하게 한다.

IoT와 MR의 융합이 어쩌면 우리가 기대하는 체험 환경을 극대화시킨 차세대 플랫폼일 수 있다. 구글홈과 아마존 에코 등 홈 IoT는 AI 음성 인식을 기반으로 방송 프로그램의 예약, 주변기기로의 통합 등 기기의 무한 확장이 가능해, MR 기기가 홈 IoT와 융합되어 가정용 1차 접속 매체가 될 개연성이 높다(박은석, 2017). AI에 기초한 IoT의 또 다른 특징은 인간과의 교감을 시도한다는 데 있다. 일본에서 개발된 '게이트박스'는 홀로그램 프로젝션 기술과 여러 센서를 바탕으로 홀로그래피와 커뮤니케이션이 가능하다. 게이트박스는 음성 인식을 비롯하여 이미지를 인식하고 가정의 다양한 기기를 직접 제어하는 IoT 서비스이다. 최근 인디고고(Indiegogo)의 Hayo는 인간의 비언적 의사소통(표정, 행동, 말의 속도 등)에 착안하여 비언어적 인터페이스를 증강 현실로 구현했다. 게이트박스의 홀로그래피 커뮤니케이션 기술이나 Hayo의 비언어적 인터페이스 증강 현실이 MR과 결합되는 어딘가에 방송 콘텐츠의 활용 지점이 있고 이러한 차세대 기술을 이용하는 수용자는 개인의 체험과 경험을 중시하고 가상의 상대와 대화를 영위하는 미래형 수용자로 변화할 것이다.

방송 콘텐츠의 진화

방송 콘텐츠는 시시각각 변하는 미디어 환경에서 살아남기 위해 자구적 노력을 게을리 하지 않고 있다. 잠시라도 안주하거나 한눈을 팔았다가는 자연도태되기 십상이기 때문이다. 급변하는 미디어 생태계에서 살아남기 위한 방송 콘텐츠의 몸부림은 굉장히 획기적이고 스마트하지만 때로는 ─ 이름 모를 야생화가 곤충의 선택을 받기 위해 화려한 꽃잎으로 진화를 거듭하는 것처럼 ─ 안쓰러워 보이기도 한다.

2장은 대를 잇기 위해 생물학적 진화를 거듭하는 자연 생태계와 미디어 생태계가 별반 다를 바 없다는 주장에서 비롯한다. 구체적으로 이 장에서는 방송 콘텐츠의 진화 과정을 '이동(migration)' 단계, '변형(transformation)' 단계, '창조(creation)' 단계로 구분하여 살펴보았다.

먼저 '이동' 단계에서는 방송 콘텐츠가 웹 혹은 모바일 플랫폼으로 이동하면서 목격되는 변화를 재사용이라는 재목적화 개념에 빗대어 해석했다. 나아가 방송 콘텐츠의 진화 과정은 기존 콘텐츠가 그대로 웹 플랫폼으로 이동한 것인지, 기존 콘텐츠가 재가공되어 이동한 것인지, 혹은 웹 플랫폼에 적합한 포맷과 내용으로 재창조된 것인지를 기준으로 구분해 설명했다. 이어지는 '변형' 단계는 방송 콘텐츠의 길이와 포맷이 변형되어온 사례를 중심으로 살펴보았다. 마지막으로 '창조' 단계는 콘텐츠가 유통되는 웹 플랫폼이나 모바일 디바이스의 문법에 최적화된 형태로 새롭게 제작되고 있는 방송 콘텐츠의 진화 사례와 디지털 서사의 실현을 바탕으로 점차 개인화되고 있는 콘텐츠 사례를 다루었다.

1. 웹·모바일로 이동하는 방송 콘텐츠

레거시 미디어 사업자는 다매체 공존의 시대에 들어서며 낮아진 위상을 제고하고 시청률 감소로 인한 수익 감소 위기를 극복하기 위해 콘텐츠 중심의 대응 방안을 수립하기 시작했다. 첫째로 자사 콘텐츠를 다양한 경로로 유통시킴으로써 재목적화(repurposing) 관습을 적극적으로 활용하기 시작했다. 재목적화란 하나의 속성을 바탕으로 다양한 미디어 파생물을 만들어 내는 것을 의미하며 OSMU(One Source Multi Use), COPE(Create Once Publish Everywhere)라는 관습으로 확대되어왔다(이재현, 2006). OSMU는 하나의 소재(one source)로 다양한 유형의 상품을 개발하여 활용한다는(multi use) 의미를 지니고 있으며 웹툰을 영화, 게임, 드라마, 뮤지컬 등 다양한 문화 상품으로 변형하여 부가가치를 창출하는 사례를 떠올릴 수 있다. 이와는 다르게 COPE는 일련의 콘텐츠를 다양한 매체를 통해 전달하는 행위이다. 동일한 방송 콘텐츠를 TV, 포털사이트, 인터넷 동영상 플랫폼에서 시청하고 있는 우리의 모습을 떠올려보자.

재목적화는 기존 콘텐츠를 새로운 미디어에 그대로 서비스하는 '재사용' 유형과 기존 콘텐츠를 새로운 미디어의 문법에 맞게 수정한 후 서비스하는 '재가공' 유형, 그리고 한발 더 나아가 기존 콘텐츠를 새로운 포맷의 콘텐츠로 변형시켜 서비스하는 '재창조' 유형으로 구분된다(〈표 2-1〉 참조)(최세경·박상호, 2010).

1절에서는 세 가지 유형의 재목적화 중 콘텐츠의 변형 및 가공 없이 유통 플랫폼만 달리하여 기존의 콘텐츠를 유통시키는 창구화 전략 즉, 콘텐츠 재사용에 대해 이야기하고자 한다. 먼저 방송사는 '재사용'이 가장 수월한 자사 홈페이지를 통해 실시간 방송, 유·무료 다시보기 서비스를 제공하기 시작했다. PC, 모바일, 태블릿 PC 등 스마트 미디어를 통해 방송 콘텐츠를 시청하는 사람이 점차 늘어나고 있는 상황에 방송 콘텐츠를 자사 웹 플랫폼으로 이동하는 것이 우선이라고 판단했기 때문이다. 그러나 홈페이지에서 주로 제공되는 서비스 대부분이 자사 방송 콘텐츠에 대한 정보 제공이나 다시보기

〈표 2-1〉 재목적화의 세 가지 유형

유형	내용	특성
재사용	기존 콘텐츠를 압축 또는 전송 포맷에 맞게 변환하여 새로운 미디어를 통해 그대로 서비스하는 콘텐츠	기존 미디어 기능에 충실
재가공	기존 콘텐츠를 후방 창구 또는 소비자의 특성에 맞게 재편집·재가공하여 새로운 미디어를 통해 서비스하는 콘텐츠	미디어 간 차이 강조
재창조	기존 콘텐츠 또는 미디어 서비스를 토대로 이용자가 활동에 직접 참여하는 새로운 형태의 콘텐츠	미디어 간 기능 통합

자료: 최세경·박상호(2010: 15).

수준에 그침으로써 이용자들의 지속적인 관심을 받기에는 다소 어려움이 있었다.

파편화된 웹 플랫폼의 한계를 극복하기 위해 지상파 방송사들의 콘텐츠 연합 플랫폼(CAP)인 푹(pooq)과 CJ헬로비전의 티빙(tving)과 같은 N스크린 방송서비스가 등장했다. 푹은 2012년 7월 지상파 3사가 합작하여 설립한 OTT(Over-The-Top) 서비스로 PC는 물론 모바일을 통해 다양한 방송사의 실시간 방송과 다시보기 서비스를 이용할 수 있다. 초기에는 KBS, MBC, SBS, EBS 등 지상파 방송사의 콘텐츠만 유통되어오다 2017년 7월 기준으로 지상파와 종합편성·보도 채널 등 50여 개 채널이 제공되고 있다. 푹은 2016년 9월 기준, 가입자 1인당 평균 이용시간이 492분으로 조사되며 가장 많은 사랑을 받는 OTT 서비스로 평가받았다(임유경, 2016.10.14). 2010년 6월 서비스를 시작한 티빙은 CJ E&M 계열 채널과 지상파 방송의 실시간 방송과 다시보기 서비스를 제공해오다 지상파 방송사의 콘텐츠 제공 중지 요구에 따라 2015년 11월 6일부로 지상파 실시간 채널 및 VOD 서비스를 중단했다. 이후 티빙은 tvN, Mnet, 온스타일, 투니버스 등 CJ E&M 계열 채널의 실시간 방송을 무료로 시청할 수 있도록 이용자 혜택을 강화했다.

해외 유수의 방송사도 콘텐츠 유통 범위를 확대하기 위해 독자적인 온라인 플랫폼 구축에 힘쓰고 있다. 시청자들이 시간과 장소에 구애받지 않고 언제 어디서나 콘텐츠를 이용할 수 있어야 한다는 360도 접근법(360 degree approach)을 중요시한 영국의 공영방송 BBC는 2007년 BBC 아이플레이어(iPlayer) 서비스를 시작했다. 아이플레이어는 영국 내 IP 주소를 가진 이용자라면 누구나 텔레비전 및 라디오 방송 콘텐츠를 방송 이후부터 7일간 무료로 이용할 수 있는 서비스로 2003년 iMP(interactive Media Player)라는 명칭으로 발표되었다가 다년간의 시험 서비스를 거쳐 2007년 12월 13일 공식 서비스를 시작했다. 아이플레이어는 영국 이용자들의 주목을 받아 아이플레이어 콘텐츠를 스트리밍하거나 다운로드한 횟수가 350만 건을 넘은 것으로 알려졌다(KBS한국방송, 2008).

미국의 경우 NBC유니버설과 뉴스코퍼레이션이 합작하여 설립한 훌루(Hulu) 서비스가 대표적이다. 2008년 3월 서비스를 시작한 훌루는 NBC, ABC, Fox 등 지상파 방송의 TV 프로그램을 방영 1주일 이후부터 무료로 제공해왔다. 그러나 넷플릭스(Netflix)와 같은 저가 유료 온라인 스트리밍 서비스가 인기를 얻으면서 훌루 역시 2010년 이후 일부 프로그램을 유료로 서비스하기 시작했고, 2016년에는 전면 유료화를 발표했다.

미국 개별 방송사들의 독자적인 온라인 플랫폼 구축도 눈에 띈다. CBS는 월 5.99달러를 지불하면 CBS의 전체 프로그램과 로컬 계열사 프로그램을 실시간 혹은 다시보기 서비스로 시청할 수 있는 유료 웹 서비스 CBS All Access를 2014년 10월 론칭했다. 4달러를 추가 지불하면 모든 프로그램을 중간 광고 없이 시청할 수 있도록 했다. HBO는 2010년 자사 플랫폼을 통한 콘텐츠 유통을 위해 HBO Go 서비스를 론칭했고, 이후 넷플릭스, 훌루 등의 온라인 동영상 서비스와의 경쟁에서 생존력을 키우기 위해 유료 케이블 가입 없이도 HBO 콘텐츠를 이용할 수 있는 HBO Now 서비스를 2015년 4월 론칭했다.

앞에서 살펴본 사례들 같이, 기존 방송 콘텐츠를 별다른 가공 없이 후속 플랫폼으로 이동시키는 재사용 전략은 만화 콘텐츠의 진화 과정에서도 발견된다. 출판 만화가 웹툰으로 진화해가는 첫 번째 과정은 디지털 만화기로, 디지털 만화[1]란 인쇄물 형태의 출판 만화를 스캔하여 PDF로 변형한 후 PC로 감상하는 만화를 뜻한다(전범수·최민음, 2014). 즉, 동일한 만화 콘텐츠를 인쇄 매체에서 PC로 이동시킨 것으로 재사용 유형의 재목적화에 해당한다. 다만 디지털 만화는 후방 창구의 특성을 고려하여 콘텐츠를 가공하거나 재제작한 것이 아니기 때문에 새로운 미디어의 양식에 부합하지 않는다는 한계가 있다. 이를 극복하기 위해 만화 제작자들은 후속 플랫폼의 속성을 고려하여 만화 콘텐츠를 제작하기 시작했다.

방송 콘텐츠 역시 처음에는 별다른 재가공 없이 그대로 유통되다가 웹·모바일 플랫폼으로의 보다 성공적인 이주를 위하여 이용자의 미디어 이용 행태와 후속 플랫폼의 특성을 고려하여 재편집된 후 서비스되기 시작했다. 이어지는 2절에서는 세 가지 유형의 재목적화 중 재가공과 재창조에 대해 이야기하고자 한다.

2. 색다르게 변형되는 방송 콘텐츠

1) 콘텐츠 길이의 변형

아무런 변화 없이 단순히 플랫폼만 이동하던 방송 콘텐츠가 자신의 모습을 변형시키기 시작한 이유는 후속 플랫폼에 잘 적응함으로써 새로운 방송 생태계에서 보다 오래 잔존하기 위한 진화 전략에서 찾을 수 있다. 그중에서

---

[1] CD-ROM에 저장해 이용한다는 의미에서 CD-ROM 만화, 컴퓨터 만화로 불리기도 한다.

〈그림 2-1〉 방송 콘텐츠의 OTT 유통

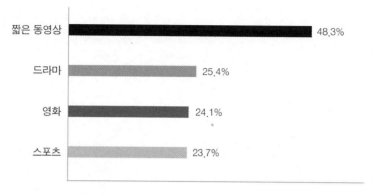

자료: KT경제경영연구소(2014.8).

도 기존 콘텐츠의 길이를 단축하여 이용자가 짧은 시간에 일련의 에피소드를 소화할 수 있도록 한 콘텐츠 분절화(contents fragmentation) 전략이 대표적이다.

콘텐츠 분절화란 사물을 마디로 나눈다는 뜻의 분절에 콘텐츠가 더해진 단어로, 전체 콘텐츠 중에서 일부가 떨어져 나온 단편적인 콘텐츠를 의미한다. 분절화된 콘텐츠는 기승전결의 구성이 온전하지 않다는 태생적 한계를 지니고 있지만(전병준·최동길, 2010), 오히려 이러한 분절성으로 인해 시간과 장소의 구애를 받지 않고 간편하게 이용할 수 있다는 강점을 내세울 수 있다.

완성된 하나의 콘텐츠를 군이 마디로 나누어 유통시키는 콘텐츠 분절화가 보편화된 것은 스마트폰의 대중화 시기와 맞물린다. 자투리 시간을 이용하여 어디서든 수시로 이용이 가능한 짧은 길이의 콘텐츠가 스마트폰 이용자의 콘텐츠 소비 행태에 잘 맞아떨어진 것이다. KT경제경영연구소의 조사에 따르면(KT경제경영연구소, 2014.8), 스마트폰으로 주로 시청하는 동영상 콘텐츠는 '짧은 동영상(48.3%)'이 가장 많았고 드라마(25.4%)와 영화(24.1%), 스포츠(23.7%)가 뒤를 잇는 것으로 나타났다.

〈표 2-2〉 기존 콘텐츠와 스낵 컬처 콘텐츠의 특성 비교

	기존 콘텐츠		스낵 컬처 콘텐츠
	아날로그 콘텐츠	디지털 콘텐츠	
이용 공간	오프라인	오프라인, 온라인	온라인
이용 수단	인쇄본, TV, 스크린 등	PC, 모바일 기기, 전용 단말기	PC, 모바일 및 온라인 접속이 가능한 모든 기기(범용 단말기)
콘텐츠 형태	아날로그	디지털	디지털
이용 시간	장르별 상이	장르별 상이	10~20여 분
주요 장르	방송, 영화, 공연, 만화책, 소설책 등	방송, PC 게임, IPTV, 전자책	방송 콘텐츠 하이라이트/클립 영상, 웹툰, 웹드라마, 웹다큐 등

자료: 박지혜(2015).

이러한 콘텐츠 소비 특성은 스낵 컬처(snack culture) 현상으로 설명된다. 스낵 컬처란, 2007년 5월 미국 IT 잡지 ≪와이어드(WIRED)≫에서 처음 소개된 개념으로 패션 문화(예: SPA[2] 브랜드)와 외식 문화(예: 패스트푸드)에서 발견되는 '빠르게 소비되는 유행 현상'을 일컫는 의미로 등장했다(김앵아·오영훈, 2017). 이후 외식, 패션뿐만 아니라 방송, 음악, 게임, 영화 등 다양한 문화 영역에서 짧은 시간에 스낵을 먹듯이 간편하게 즐기는 문화 트렌드를 지칭할 때 사용되었으며, 최근 들어서는 스마트기기를 이용하여 15분 내외의 짤막한 콘텐츠를 언제 어디서든 자유롭게 즐기는 현상을 설명하는 용어로 사용되고 있다(서정주, 2015). 〈표 2-2〉는 기존 콘텐츠와 스낵 컬처 콘텐츠의 특성을 정리한 것이다.

스낵 컬처 콘텐츠를 선호하는 사람들이 늘어나자 방송사들은 웹·모바일 환경에 적합하도록 기존 텔레비전 방송 콘텐츠의 일부를 잘라 자사 홈페이지나 포털, 온라인 동영상 서비스 등 다양한 유통 플랫폼으로 이주시키고 있

---

2) SPA(Specialty store retailer of Private label Apparel brand) 브랜드는 패션 제품의 기획, 디자인, 생산, 유통 및 판매를 모두 제조회사가 관리하기 때문에 빠른 생산이 가능한 패스트 패션 브랜드를 뜻한다(박지혜, 2015).

다. 특히 국내 최대 규모의 포털인 네이버의 동영상 플랫폼 '네이버 TV (tv.naver.com)'는 국내 방송사가 제작한 콘텐츠를 1~3분 내외의 짧은 동영상으로 제공하고 있다. 프로그램의 전체 분량 중에서 가장 인상 깊은 장면이나 핵심적인 부분이 추려져 있다는 의미에서 하이라이트 영상 혹은 클립 영상 등으로 불린다.

방송사의 TV 예능과 드라마의 일부를 편집한 영상들이 네이버TV의 인기 동영상 상위권을 대부분 차지하면서 텔레비전 방송 하이라이트 클립 영상이 네이버TV의 핵심 콘텐츠가 되었다는 의견도 있다(박희진, 2017.7.26). 이처럼 네이버가 방송사 콘텐츠를 자유롭게 유통시킬 수 있게 된 이유는 2014년 10월 체결된 네이버와 스마트미디어렙(Smart Media Rep: SMR)의 업무 협약에서 비롯한다. 스마트미디어렙은 지상파 방송사, 종합편성채널, 케이블채널 등 7개 방송사의 동영상에 대한 광고 영업권을 가지고 있는 온라인 영상 광고 대행사로 포털 사이트에 각 방송사의 클립 영상을 유통하고 있다. 스마트미디어렙과 네이버가 체결한 업무협약을 통해, 네이버는 MBC, SBS, CJ E&M, JTBC, MBN, 채널A, TV조선 등 7개 방송사의 하이라이트 클립 영상을 네이버TV를 통해 독점적으로 제공할 수 있게 되었다.

한편 영국의 공영방송 BBC는 미디어 기술 발전과 환경 변화에 발맞춰 텔레비전, 라디오 콘텐츠뿐만 아니라 디지털 콘텐츠 제공에도 힘써오고 있다. 앞서 언급한 BBC 아이플레이어 서비스도 BBC집행위원회(BBC Executive Board)가 2006년 발표한 다양한 미래 전략 중 '디지털 시대의 대비(ready for digital)'를 실행하기 위한 방안으로 시작되었다. BBC 트러스트(BBC Trust, 구 이사회 혹은 경영위원회)는 이러한 BBC의 자구적 노력으로 인해 이용자들이 BBC를 신기술의 안내자 혹은 선구자로서 신뢰하게 되었다고 평가한 바 있다(BBC Trust, 2010a).

가령 BBC는 드라마 본편의 핵심적인 장면이나 방영 이후 많은 사람들에게 회자되는 장면을 1분 이내의 짧은 영상으로 만들어 BBC 아이플레이어에 업로드하고 있다. 그뿐만 아니라 드라마 예고편(Trailer) 영상을 함께 업로드함으로써 아직 드라마를 시청하지 않은 잠재적 이용자의 주목을 끌고 다음 편에 대한 궁금증을 유발시켜 시청이 지속될 수 있도록 유도하고 있다.

다양한 장르의 방송 콘텐츠 중에서 드라마, 예능, 음악 프로그램의 하이라이트 영상이 주로 유통되고 있는 국내와 달리 BBC는 다큐멘터리 장르의 콘텐츠 분절에도 힘쓰고 있다. 일례로 제1차 세계대전 당시의 영국의 실상을 그린 다큐멘터리 〈영국의 위대한 전쟁(Britain's Great War)〉의 본방송 이후, 영국에 거주하는 사람이라면 언제 어디서나 다큐멘터리를 시청할 수 있도록 프로그램 웹사이트에 본편(episodes)을 업로드 해두었으며, 나아가 다큐멘터리에서 강조된 내용이나 특별히 재미있고 유익하다고 평가되는 장면을 약 1~7분 분량의 클립 영상으로 편집하여 제공하고 있다. 이용자들의 미디어 이용 방식과 여건을 고려해 기존 1시간 분량의 다큐멘터리 영상을 짧게 재가공하여 제공하는 BBC의 노력은 드라마나 오락 장르의 방송 콘텐츠만이 스낵 컬처로서 소비되기에 적합하다는 기존의 인식을 깨뜨릴 수 있는 시도이기도 하다.

스낵 컬처로서 단편적으로 재가공된 클립 영상은 기존 시청자로 하여금 프로그램을 새롭게 환기하게 하고 잠재적 시청자의 유입을 유도하는 역할을 수행한다. 그 때문에 클립 영상을 디지털 미디어 시대의 새로운 편성 전략으로 보는 시각도 존재한다.

2) 콘텐츠 포맷의 변형

내용과 포맷이 모두 동일하고 영상의 길이만 짧아지는 '콘텐츠 길이'의 변형에서 한 발 더 나아가 새로운 포맷과 내용으로 콘텐츠를 재창조하려는 노력도 목격된다(〈표 2-1〉 참조). 국내외 방송사들은 기존 방송 콘텐츠에 담겨 있는 오락적 요소나 정보 등을 보완하여 새로운 포맷의 콘텐츠를 재생산하고 있다. BBC는 지난 2014년부터 2018년까지 제1차 세계대전 100주년을 기념하기 위해 제1차 세계대전 100주년 기간(World War One Centenary Season) 프로젝트를 시행하여 다양한 프로그램을 제작, 방영하고 있다. 대표적으로 앞서 언급한 다큐멘터리 〈영국의 위대한 전쟁〉은 2014년 2월 19일 BBC One에서 방영을 시작했다. 당시 BBC 교육(Learning) 팀은 학생들을 위한 〈영국의 위대한 전쟁〉 교육 프로그램을 제작하여 2014년 7월 1일 BBC Two 의 러닝존(Learning Zone)[3]에서 방영을 시작했다. BBC는 특정 연령대를 타깃 시청자로 설정하지 않은 일반 다큐멘터리 프로그램(〈영국의 위대한 전쟁〉)을 어린이·청소년 교육 프로그램(〈어린이를 위한 영국의 위대한 전쟁〉)으로 재창조하여 학교에서 이를 수업자료로 활용할 것을 적극적으로 권고했으며 이를 바탕으로 이용자 범위를 확대시킬 수 있었다.

또한 '제1차 세계대전 학교(Schools World war one)',[4] 'BBC 러닝존'[5] 웹사이트를 구축하고 기존의 TV, 라디오 프로그램을 재창조하여 업로드하고 있다. 예컨대 '제1차 세계대전 학교' 사이트에 TV에 방영된 영상 콘텐츠를 그대로 업로드한 것이 아니라 사진, 도표, 설명글 등을 추가하여 학생들의

---

3) 러닝존은 BBC Two가 주중 0시 30분부터 오전 7시까지 교육 콘텐츠를 집중적으로 편성, 방송하며 붙인 이름으로 역사, 지리학, 기후학, 환경 과학, 언어, 경영학, 공학, 철학, 예술 등 다양한 교육 분야를 다룬다. 대부분의 학생은 방송을 녹화하여 편한 시간에 시청하지만 일부 학생들은 방송이 송신되는 새벽 시간에 본방송을 시청한 것으로 알려진다. 다만 재정 문제로 인해 2015년 이후 러닝존은 BBC Two에서 폐지되었으며 러닝존 웹페이지(http://www.bbc.co.uk/programmes/p01b8f09)를 통해서만 콘텐츠 이용이 가능하다.

4) http://www.bbc.co.uk/schools/0/ww1/

5) http://www.bbc.co.uk/programmes/p01b8f09

이해를 돕고 있다. 초등학생과 중·고등학생 대상 자료를 분류하여 정리한 패키지 교육 콘텐츠(teachers' assembly packs)가 제공되며, 학교에서 수업 교재로 활용하기에 좋은 교재를 선별하여 제공하는 카테고리도 마련되어 있다.

한편 BBC는 기존 방송 콘텐츠와 새로운 포맷으로 변형, 재창조된 콘텐츠의 연계 이용을 통한 이용자 만족을 극대화하기 위하여 이용자가 콘텐츠 생산 활동에 직접 참여할 수 있도록 했다. 일례로 웹의 상호작용성을 활용한 콘텐츠를 제공하고 있는데, 이용자가 원하는 곳을 클릭하면 그와 관련된 정보 및 관련 콘텐츠, 퀴즈 등이 추가로 제공되는 방식으로 구현된다.

유사한 맥락에서, 8~12세 어린이를 대상으로 한 수학 방송 프로그램 〈사이버체이스(Cyberchase)〉를 방영 중인 미국의 PBS는 '사이버체이스 도형 놀이(Cyberchase Shape Quest)'라는 앱 콘텐츠를 동시에 서비스하고 있다. 방송 프로그램 내용을 기반으로 하되 새로운 포맷으로 재창조한 콘텐츠를 추가로 제공하고 있는 것이다. 사이버체이스 도형 놀이는 어린이 시청자가 방송 프로그램에 등장한 캐릭터와 함께 수학 관련 게임을 풀며 모험을 떠나는 내용으로 구성되어 있다.

앞서 살펴본 사례가 정보 위주의 콘텐츠 재창조였다면, KBS 2 드라마 〈화랑〉은 오락적 요소를 중심으로 방송 콘텐츠를 진화시켰다. 2016년 12월 방영을 시작한 〈화랑〉은 방영 당시 카카오페이지를 통해 웹툰 '화랑, 숨겨진 이야기'를 함께 연재하기 시작했다. 매주 월요일과 화요일에 드라마가 방영되고 화요일과 수요일에 웹툰이 연재되는 방식으로, 하루 차이를 두고 공개되었다. 특히 드라마에 포함되어 있지 않은 내용을 웹툰에 추가로 담아내 이용자들의 흥미를 충족시켰다는 것이 특징이다. 그뿐만 아니라 드라마가 종영된 이후에 3권의 소설책이 출판되었는데 드라마, 웹툰에는 실리지 않았던 주인공들의 어린 시절 이야기가 포함되어 오락적 요소가 보다 보완되었다.

이처럼 방송 콘텐츠가 새로운 포맷과 내용으로 재창조되는 현상은 트랜스미디어(transmedia) 전략으로 설명된다. 트랜스미디어란 변화, 이전, 초월을 뜻하는 단어 'Trans'와 'Media'의 합성어로 '하나의 미디어로 담아낼 수 없는 추상적이고 통합적인 의미를 각기 다른 미디어에 담아내는 것'으로 정의된다(이상민, 2009). 즉, 상이한 미디어에 담긴 여러 콘텐츠들이 모였을 때 하나의 통합된 이야기가 완성되는 것을 의미한다. 대표적인 트랜스미디어 콘텐츠 사례로 〈매트릭스〉를 꼽을 수 있다. 〈매트릭스〉는 영화, 애니메이션, 게임, 만화로 제작되었는데 각각 다른 스토리를 담고 있으면서도 하나의 전체적인 맥락 안에서 유기적으로 얽혀 있다는 특징이 있다. 가령 영화 콘텐츠가 주인공의 성공 과정을 중점적으로 담고 있다면 만화 콘텐츠에는 어릴 적 주인공의 성장 스토리가 담겨 있는 것이다.

방송 콘텐츠가 재창조되는 과정에서 이와 같은 트랜스미디어 전략이 활용되는 이유는, 단순히 플랫폼만 이동되었다고 해서 동일한 내용과 포맷의 콘텐츠에 이용자들이 다시 주목할 리 없기 때문이다. 컨버전스 미디어 시대에 콘텐츠의 '융통성 있는 탄생'(임종수, 2006)이 강조되는 것도 이 때문이다. 다만 앞서 살펴본 재창조 유형의 재목적화 사례들은 여전히 방송 콘텐츠가 핵심 콘텐츠, 원천 콘텐츠로서 기능하고 있다는 한계가 있다. 다시 말해 텔레비전 방송 드라마나 다큐멘터리 프로그램을 후속 플랫폼에 적합한 포맷으로 '재'창조했을 뿐, 방송 콘텐츠 자체가 진화한 것은 아니라는 것이다. 이러한 문제의식 아래 방송사들은 웹 혹은 모바일 플랫폼에 적합한 콘텐츠를 기획, 제작하는 노력을 시작했다. 다음에서는 새로운 문법으로 구현된 방송 콘텐츠의 진화 사례를 살펴보기로 한다.

3. 새롭게 창조되는 방송 콘텐츠

1) 새로운 문법으로 창조되는 방송 콘텐츠

앞에서 말한 바와 같이 만화 콘텐츠는 만화 단행본(인쇄 매체)에서 디지털 만화(PC)로 한 차례 진화 과정을 거쳤다. 첫 번째 진화 이후, 스마트폰 보급률이 증가하고 모바일을 통한 콘텐츠 소비가 늘어나면서 만화 콘텐츠는 자연스럽게 모바일로의 이주를 꿈꾸었다. 그러나 디지털 만화는 만화 단행본을 스캔하여 PDF로 변형했을 뿐 내용과 전개 양식은 동일했기 때문에 모바일 환경에 최적화된 콘텐츠는 아니었다. 이후 만화 제작자들은 웹에 적합한 소재를 발굴하여 스토리를 전개하고 모바일의 속성을 고려한 연출 방식을 활용하기 시작했는데, 이러한 노력이 기존의 만화 제작 방식에서 완전히 탈피한 웹툰으로의 진화를 가능케 했다.

구체적으로 웹툰 작가들은 이용자들이 이동 중 자투리 시간에 만화를 볼 수 있도록 회당 분량을 줄이고(앞에서 언급한 '콘텐츠 길이의 변형'에 해당), 마우스나 손가락 터치로 화면을 내려가면서 볼 수 있도록 세로 스크롤 방식으로 만화를 제작하기 시작했다. 영상 및 음성 소스를 삽입할 수 있다는 웹의 특성을 반영하여 만화콘텐츠 중간에 짤막한 애니메이션을 넣는다든지, 특정 장면에서 배경음악이나 효과음이 나오는 방식 등의 다양한 시도가 진행되고 있다.

기술의 발달로 플랫폼이 다변화되고 다양한 매체가 공존하게 되면서 방송 콘텐츠 역시 콘텐츠가 유통되는 웹 플랫폼이나 디바이스의 문법에 최적화된 형태로 창조되고 있다. 방송 콘텐츠에 적용되고 있는 웹 기반의 새로운 문법은 다음에서 살펴볼 웹 콘텐츠의 특성과 동일한 맥락에서 설명된다. "TV 단말보다는 PC, 모바일 등 인터넷 접속이 가능한 단말을 통해 이용되는 콘텐츠를 총칭"(송진·이영주, 2015)하는 웹 콘텐츠의 특성은 모빌리티, 단시간성, 창조성, 아방가르드적 실험성, 피드백 문화의 발전, 접근의 용이성과 무료 이용 가능 등 여섯 가지로 정리된다(한국콘텐츠진흥원, 2015; 김택환, 2015).

① 모빌리티: 스마트기기를 통해 언제 어디서든 자유롭게 이용할 수 있어 시공간에 제한을 받지 않는다.
② 단시간성: 대부분 2~15분 분량으로 제작되어 스낵 컬처, 스낵 미디어로 불린다.
③ 창조성: 기존 콘텐츠와 장르가 상이한 경우가 많으며 독특한 소재와 인물을 다룬다.
④ 아방가르드적 실험성: 기성관념을 뛰어넘는 아방가르드적 특성을 지니며 기존 콘텐츠가 시도하지 않은 실험적인 콘텐츠가 많다.
⑤ 피드백 문화의 발전: 댓글, 좋아요 등을 통해 즉각적인 반응이 생성되며, 양방향 소통이 본격화된다.
⑥ 접근의 용이성과 무료: 일부 웹과 앱에서는 유료화가 추진되고 있지만 아직까진 비용을 지불하지 않고 무료로 콘텐츠를 즐길 수 있는 경우가 많다.

다음에서는 방송 콘텐츠가 독특한 장르와 소재로 전개되는 짧은 분량의 실험적인 콘텐츠, 다시 말해 '웹 콘텐츠'로 진화해나가는 모습을 살펴보고자 한다.

(1) 웹드라마

"드라마는 TV로, 정해진 시간에 보는 것이다"이라는 오래된 시각을 디지털 시대를 살고 있는 이용자들에게 적용할 수 없게 되자(한예원·김유나, 2015)

방송 사업자들은 웹드라마에 관심을 기울이기 시작했다. 웹드라마란 "온라인 동영상 스트리밍 서비스를 통해 제공되는 드라마 장르의 영상 콘텐츠로 TV가 아닌 인터넷 매체, 모바일을 통해 시청할 수 있는 드라마"로 정의되며 (정지윤, 2014) 온라인 드라마, 모바일 드라마, 웹 비디오, SNS 드라마, 웹 시리즈 등으로 불리다 국내의 경우 웹드라마로 통일되었다. 웹드라마가 웹 기반 동영상 플랫폼의 새로운 경쟁력이자 방송 콘텐츠의 미래 주역으로 인식되면서 전통 미디어뿐만 아니라 네이버, 다음 등 포털 사이트와 라인을 비롯한 SNS 사업자가 웹드라마 제작/유통 시장 선점을 위해 박차를 가하고 있다. 기업과 엔터테인먼트 기획사들도 간접광고 및 홍보를 위한 도구로서 웹드라마 제작을 시작했다.[6]

웹드라마 주요 제작 인력을 살펴보면 PD와 드라마 작가뿐만 아니라 영화감독, 시나리오작가, CF 감독, 만화가, 영화배우 등 다양한 인력이 참여하고 있다. 영화감독, 시나리오작가의 참여는 영화적 촬영 기법과 내러티브 구성을 웹드라마에 적용하기 위한 시도로 짐작되며 CF 감독과 뮤직비디오 제작팀의 참여는 10분 내외의 짧은 시간 안에 일련의 스토리를 전달해야 하는 웹드라마의 특징을 고려한 시도로 해석된다. 또한 만화가가 극본에 참여한 경우도 있는데 이는 기존의 TV 드라마와는 상이한 장르와 소재, 스토리텔링 구조를 설정하기 위한 노력으로 비춰진다. 한편 기존 TV 드라마와 달리 전문 배우보다도 가수, 아이돌, 개그맨, 미스코리아, 뮤지컬 배우, 모델 등 다양한 방송인이 배우로 참여하는 사례가 많다. 이는 웹 콘텐츠가 지녀야 할 단시간성, 창조성, 아방가르드적 실험성을 충족하기 위한 시도로 비춰진다.

웹드라마가 웹 콘텐츠의 속성을 지니고 있으나 웹 플랫폼을 통해서만 유

---

6) 교보생명이 제작한 '러브 인 메모리', 삼성그룹의 '무한동력', 죠스떡볶이의 '매콤한 인생' 등의 사례가 있다.

통되는 것은 아니다. 가령 KBS에서 〈간서치열전〉, 〈모모살롱〉, 〈어바웃러
브〉, 〈연애탐정 셜록K〉, 〈프린스의 왕자〉 등 다수의 웹드라마가 방영된 바
있다. 〈간서치열전〉의 경우 웹에서 먼저 공개된 후 마지막 편을 포함한 완결
작품을 TV에서 방영했으며 '프린스의 왕자' 역시 웹에 먼저 공개된 다음 정
규 방송으로 편성되었다. TV보다도 웹에 익숙해져 있는 젊은 층의 시청자들
을 다시 TV로 유인하려는 노력으로 해석된다.

웹드라마는 TV를 통해 방영되는 기존의 드라마에 비해 제작비가 현저히
적은데다 웹을 기반으로 한 국내외 동영상 사이트에서 원소스멀티유즈가 가
능하다는 장점을 지니고 있다(김미라·장윤재, 2015). 또한 PPL이 용이하여 기
업의 마케팅 방안으로 활발히 활용되고 있다. 다만 웹드라마의 성공적인 도
약과 지속적인 발전을 위해서는 러닝타임이 짧다는 점, 컴퓨터, 태블릿 PC,
모바일 등 텔레비전에 비해 작은 화면에서 서사를 구현해야 한다는 점 등에
대한 충분한 고민과 연구가 선행되어야 할 것이다.

(2) 웹예능

TV에서 방영되던 1~2시간 분량의 예능 프로그램도 이제는 웹 플랫폼에
적합한 콘텐츠인 '웹예능'으로 창조되고 있다. 웹예능은 온라인 유통을 목적
으로 제작되어, TV가 아닌 웹에서 방영되는 예능 장르의 영상 콘텐츠를 의
미한다. 시나리오가 미리 작성되지 않는 경우가 대부분이며 대략의 틀만 기
획된 상태에서 출연자가 하는 행동을 연출진이 편집을 통해 완성하는 유형
의 예능 콘텐츠이다(한국콘텐츠진흥원, 2017). 최초의 웹예능은 네이버TV캐스
트(현 네이버TV)를 통해 방영된 〈별을 쏘다〉로 배우 김수로가 배우를 꿈꾸는
학생들에게 워크숍하는 과정을 담고 있다. 웹 콘텐츠의 특성에 부합하도록
편당 10여 분 분량으로 제작되었으며 총 20부가 제작, 방영되었다.

tvN go에서 제작한 예능 프로그램 〈신서유기〉는 tvN이 아닌 네이버TV에

서 먼저 공개되어 화제가 된 리얼 버라이어티 웹예능이다. 인지도가 높은 프로그램 제작진과 강호동, 이승기, 은지원, 이수근 등 인기 출연진의 파워로 인터넷 광고 단가를 상향 조정한 좋은 선례로 언급되고 있다. 구체적으로 통상 뷰당 3~4원이던 단가를 뷰당 25원으로 인상시킨 바 있다(송진·이영주, 2015). 인터넷에서 단독 공개된 이후 방송 채널에 뒤이어 공개된 또 하나의 사례다.

이밖에도 〈초근접 밀착 몰카, f(x)=1cm〉, 〈내 손안의 남자친구〉, 〈내 마음을 뺏어 봐〉 등을 대표적인 웹예능 콘텐츠로 꼽을 수 있다. 〈내 마음을 뺏어 봐〉의 경우 중국 최대 예능 동영상 플랫폼인 텐센트를 통해 방영되며 신한류의 시작을 알리는 웹예능으로 평가받았으며, 중국 방영 이후에는 한국 포털 사이트와 케이블 채널에 소개되었다(김택환, 2015).

이러한 웹예능과 분절화된 방송 예능 프로그램(클립 영상)은 분량이 짧다는 공통점이 있지만, 웹예능이 짧은 시간 안에도 일련의 내러티브를 지니고 있는 반면 분절화된 예능 프로그램은 기승전결의 구조 없이 핵심이 되는 장면만 단편적으로 담고 있다는 차이가 있다.

(3) 웹다큐

온라인 환경에서 새롭게 부상하고 있는 다큐멘터리는 온라인 다큐, 웹다큐, 오픈 스페이스 다큐, 인터렉티브 다큐 등 다양한 이름으로 불리고 있다. 디지털 환경에서의 수용자 참여와 상호작용성을 강조한다는 점이 공통된 특징으로 꼽힌다(이종수, 2015).

미국의 〈프리즌 밸리(Prison Valley)〉의 성공 이후 유럽, 영미 주요 미디어 기업들이 웹다큐 제작에 주력하기 시작했다. 〈프리즌 밸리〉는 미국 콜로라도주에 있는 캐넌 시티의 별명으로, 이곳에는 13개의 거대한 교도소와 7800명의 재소자, 교도소나 재소자와 관련된 사람 3600명이 거주하고 있다. 〈프리즌 밸리〉는 이 도시를 통해 미국 교도소 산업을 파헤치기 위해 제작된 웹 다큐멘터리이다. 기존의 TV 다큐멘터리 프로그램과 달리 '온라인 게임'과 '다큐멘터리' 장르를 융합함으로써 독특한 형식의 새로운 다큐멘터리 장르로 높이 평가받은 바 있다(송지민, 2015.8.24). 온라인 게임 형식은 웹다큐〈프리즌 밸리〉를 시청하기 위한 첫 시작점에 도입되어 이용자들이 다큐멘터리를 시청하는 것이 아닌 마치 게임을 시작하는 듯한 기분을 느낄 수 있도록 했다. 다음은 온라인 게임이 아닌 〈프리즌 밸리〉를 시청하는 이용자들의 모습을 설명한 글이다.

웹 사이트에 접속한다. 페이스북이나 트위터 계정으로 로그인을 하면 황량한 벌판에서 어느 모텔에 도착하는 영상이 나온다. 자동차 엔진을 끄는 소리, 모텔 방 열쇠로 방문을 여는 소리는 마치 그곳에 있는 것 같은 느낌을 준다. 방안에는 침대와 테이블이 있다. 그 위에는 실제와 똑같이 생긴 여권, 메모지, 전화기 등이 보인다. '딸깍' 흥미로운 마음으로 메모지를 클릭한다(송지민, 2015.8.24).

〈천하무림기행〉은 최초의 한국형 UHD 웹 다큐멘터리로 네이버TV를 통해 선공개되었으며, 웹용 콘텐츠와 방송용 콘텐츠가 구분되어 제작된 후 각 플랫폼에서 순차적으로 공개되었다(최홍규, 2016.8.12). 구체적으로 10분 내외 분량의 웹용 콘텐츠 20편이 네이버TV에 최초 공개되었고, 웹용 콘텐츠 다섯 편을 모아 한 편의 방송용 콘텐츠로 구성하여 케이블 TV와 IPTV 채널에 공개했다.

이처럼 기존의 방송 콘텐츠의 굴레에서 벗어나 웹 콘텐츠 제작에 주목하기 시작한 콘텐츠 사업자들의 시도는 자연스럽게 새로운 플랫폼 개척으로까지 이어지고 있다. 일례로 지상파 방송사 SBS는 2016년 6월, 모바일 플랫폼

'모비딕'을 론칭하여 8개월 만에 누적 조회 수 1억 뷰를 돌파한 것으로 알려진다. 특히 대표 프로그램인 〈양세형의 숏터뷰〉, 〈경리단길 홍사장〉, 〈한곡만 줍쇼〉 등의 웹예능이 많은 이용자들의 이목을 끌고 있다. 2017년 2월 기준, 프로그램별 통합 누적 조회 수를 살펴보면 〈양세형의 숏터뷰〉가 3500만, 〈김기수의 예쁘게 살래 그냥 살래〉가 1300만, 〈99초 리뷰〉가 900만, 〈IOI의 괴담시티〉와 〈정대만〉이 각각 850만 뷰를 기록했다(강선애, 2017.3.3). 나아가 이러한 인기에 힘입어 모비딕의 웹 콘텐츠들이 SBS 지상파 TV에 편성되기 시작하면서 웹 오리지널 콘텐츠의 유통 경로가 TV로 확장되고 있다.

2) 개인 맞춤형 콘텐츠로 창조되는 방송 콘텐츠

개인이 소지한 PC, 태블릿 PC, 스마트폰으로 콘텐츠를 소비하는 사람이 늘어나면서 누군가와 함께 TV나 라디오 프로그램을 이용하는 시간은 자연스럽게 줄어들었다. 거실에 모여 앉아 가족 구성원들과 TV 프로그램을 시청하던 행위는 이제 각자의 방에서 원하는 콘텐츠를 개별적으로 선택해 이용하는 행위로 대체되었다. 콘텐츠 소비가 개인화되었다는 것은 이처럼 원하는 콘텐츠를 원하는 디바이스로 원하는 시간과 장소에서 개별적으로 이용하게 되었다는 것을 의미한다.

TV 프로그램을 TV로만 시청하던 시절에는 시공간적 편성 권력이 방송 사업자에게 있었다. 방송 사업자는 자신들이 원하는 콘텐츠를 원하는 시간에 원하는 채널을 통해 유통시키는 폐쇄적 플랫폼(walled garden)으로서의 권위를 고집했고 시청자들은 방송 사업자가 설치해놓은 울타리 안에서만 이동할 수 있었다.

그러다 미디어 기술의 발달로 인해 콘텐츠 플레이어가 급증하자 위기의식을 느낀, 혹은 실제로 위기에 직면한 방송 사업자들이 권력을 내려놓기 시작했다. 이제 시공간적 편성 권력의 주체는 방송 사업자가 아닌 시청자가 되었다. 시청자들은 어떤 디바이스로, 언제, 어디서, 어떤 콘텐츠를 이용할 것인지를 스스로 결정하고 있으며, 한발 더 나아가 자신만의 콘텐츠 편성(엮어서 조직하고 형성하는 일, 곧 콘텐츠 큐레이션을 의미함)을 기획하기도 한다.

한편 콘텐츠 이용의 측면에서 시공간적으로 개인화된 방송 콘텐츠는 한발 더 나아가 콘텐츠 내용 측면에서도 개인화되기 시작했다. 다시 말해 자신이 선호하는 장르, 소재, 포맷의 콘텐츠를 선별적으로 이용하는 것에서 나아가, 이제는 개인이 콘텐츠 스토리를 선택하며 이용할 수 있게 된 것이다.

가령 BBC는 이용자들로 하여금 개인적 시청 경험을 극대화할 수 있도록 '인터렉티브 에피소드(Interactive Episode)'를 제공해오고 있다. 인터렉티브 에피소드란 다음에 이어질 상황을 이용자들이 직접 선택하여 이용할 수 있는 장치다. 구체적으로 BBC는 전쟁을 소재로 한 드라마 〈아워 월드 워(Our World War)〉의 본편과 클립 영상뿐만 아니라 인터렉티브 에피소드 서비스를 제공함으로써, 이용자들에게 다음 전쟁에 투입될 등장인물이나 인물이 사용할 총기류를 선택할 기회를 준다. 이용자가 어떠한 선택을 했는지에 따라 드라마 뒷이야기가 전혀 달라지는데, 이는 전시 상황에서 한 순간의 '선택'의 중요성과 그 의미를 이용자들에게 일깨워주는 기회로 작용한다. 또한 이용자들에게 드라마 시청의 즐거움뿐만 아니라 게임을 하는 듯한 능동적 즐거움을 제공함으로써 젊은 시청자들의 호응을 받고 있다. 또한 BBC는 AI 음성비서 기술을 활용해, 드라마 속에 등장하는 내레이터와 이용자가 서로 대화하며 스토리를 개별적으로 이어가는 양방향 라디오 드라마 〈검사실(The Inspection Chamber)〉을 2017년 말에 출시했다(최홍규, 2017.11). 〈검사실〉은 드라마 속 내레이터가 이용자에게 던지는 질문에 이용자가 어떠한 대답을 음성으로 입력하느냐에 따라 드라마의 서사 구조가 변경된다.

유사한 사례로 미국의 CBS는 디지털 비디오 회사 인터루드(Interlude)와 손잡고 CBS의 대표적인 시리즈물인 〈환상특급(The Twilight Zone)〉을 새로운 게임 콘텐츠로 제작하여 공개할 예정이라고 밝힌 바 있다. 새로운 포맷으로 재탄생할 〈환상특급〉 게임 콘텐츠는 이용자가 결말을 직접 선택하여 스토리를 만들어나갈 수 있다는 점에서 인터렉티브 콘텐츠의 특성을 지니고 있다(최홍규, 2017.11).

국내 방송사의 경우 KBS2 드라마 〈화랑〉은 TV 방영과 함께 모바일 게임 〈화랑 더 비기닝〉을 공개해 인터렉티브 서사를 실현하고 있다. 드라마 등장인물이 게임 속 캐릭터로 그대로 재현되긴 하지만 이용자의 선택에 따라 드라마와 상이한, 새로운 스토리를 즐길 수 있다는 강점이 있다. 드라마 〈화랑〉 시청자는 〈화랑 더 비기닝〉 게임을 통해, 자신의 선택에 따라 달라지는 드라마 스토리를 경험하면서 개인적 시청을 극대화할 수 있게 되었다.

한편 포털사이트나 온라인 동영상 플랫폼 사업자 역시 이용자들이 개인적 시청 경험을 누릴 수 있는 새로운 장치를 개발하고 있다. 국내 최대 포털인 네이버는 하나의 영상을 다양한 트랙으로 구성하여 제공하는 멀티 트랙(multi track) 기술을 공개해 누구나 자신만의 콘텐츠를 만들고 이용할 수 있도록 했다. 이용자는 등장인물, 장소, 카메라 각도 등에 따라 다양한 버전으로 촬영된 영상을 자신의 선호에 맞게 선택, 배열함으로써 개인화된 콘텐츠 이용을 경험한다. 미디어 시장의 신흥 강자인 넷플릭스(Netflix)는 2017년 6월 〈장화신은 고양이: 동화책 어드벤처(The Adventures of Puss in Boots)〉라는 인터렉티브 콘텐츠를 공개했다. 어린 아이들을 겨냥해 제작된 해당 콘텐츠는 이용자가 각 장면마다 자신이 원하는 스토리를 선택할 수 있도록 선택지를 제공하고 있으며 궁극적으로 전체 스토리의 플롯을 이용자가 직접 구성할 수 있게 했다. 플롯의 구성 방식에 따라 각 이용자가 완성하는 스토리의 길이가 짧게는 18분에서 길게는 39분까지 길어질 수 있다는 특징을 지닌다(최홍규, 2017.11).

이와 같은 인터렉티브 콘텐츠들은 디지털 서사의 실현을 가능하게 해줌으로써 방송 콘텐츠가 개인화된 콘텐츠로 진화하게 만들었다. 디지털 서사란, 미디어가 일종의 수행 공간의 역할을 하는 서사를 의미한다(박동숙·전경란, 2001). 즉, 이제는 제작자가 완성해놓은 일련의 내러티브가 독자에게 일방적으로 전달되는 것이 아니라, 디지털 수행 공간에서 독자가 일련의 선택 행위를 수행함으로써 서사의 구성에 직접 참여하게 되는 상호작용적 서사가 적극적으로 실현되고 있는 것이다.

3장

방송 편성의 진화

방송 편성(編成, programming)은 효과적으로 시청자의 주목을 끌기 위해 방송 사업자가 어떤 프로그램을 언제 어떻게 제시해야 하는지를 고민하는 행위를 통칭하는 개념이다.

소수의 지상파 TV 채널만 존재하던 시절의 방송은 좀 더 많은 시청자의 관심을 끌기 위해서 채널 내에서 어떤 프로그램을 언제 방영할 것인지를 결정하는, 속칭 시간표에 줄을 긋는 작업이 편성 작업의 주된 내용이었다(배진아, 2016: 8). 그러다가 1990년대 후반 다채널 유료방송 시대로 진입하자 효과적인 프로그램 배치 또는 배열 행위는 더 이상 단일 채널 내의 배열에 국한되지 않고 다양한 채널 묶음과 채널 간 심지어 다양한 모바일, 온라인 서비스와의 보완·경쟁 관계까지 고민해야 하는 단계로 접어들었다.

기술의 진화로 인해 이제는 방송 사업자가 콘텐츠들을 적절히 배열하고 구성해서 시청자에게 제시하는 대신, 시청자가 직접 자신이 원하는 시간에 원하는 프로그램을 찾아서 볼 수 있는 시대가 도래했다. 이는 편성 행위의 무게중심이 방송 사업자로부터 시청자(혹은 이용자)로 옮겨가는 근본적인 변화를 의미한다.

그럼에도 불구하고 콘텐츠의 기획, 선택과 배치, 제시, 그리고 이에 대한 평가와 반성을 통해서 콘텐츠의 소구력을 높인다는 편성의 기본 원칙은 변함이 없다. 오히려 이러한 목표를 달성하기 위한 새로운 기술과 다양한 기법의 등장으로 인해 오늘날 편성의 개념과 범위는 더욱 확장되고 있다고 할 수 있다.

이에 이 글에서는 협의 및 광의의 방송 편성 개념을 살펴보고 인터넷과 디지털 기술의 발전으로 인해 콘텐츠와 채널 선택의 장이 무한히 열린 오늘날의 방송환경에서 편성이 어떻게 변화하고 있는지를 살펴본다.

1. 방송 편성이란 무엇인가?

1) 방송 편성의 개념과 범위

서울올림픽이 열리던 1988년에 국내에서 시청 가능한 TV 채널로는 KBS 1, 2, MBC 그리고 교육방송 EBS의 전신인 KBS 3이 전부였다. 주한 미군과 군속들을 대상으로 하는 AFKN(American Forces Korea Network) 채널도 있었지만, 영어라는 언어 장벽과 군인 대상의 방송이라는 특수성 때문에 영어를 배우고자 하는 학생들을 제외하면 보통 사람들이 즐겨 시청하는 채널은 아니었다.

요즘처럼 리모컨 버튼 하나로 모든 채널에서 방영하는 프로그램 목록을 불러낼 수 없었던 그 당시에 유소년기를 보낸 사람들이라면 명절 연휴 아침 신문 배달이 없는 동안 방영되는 TV 프로그램들의 제목과 시간이 채널별로 모두 적힌 문화면을 펼쳐놓고 평소에 즐겨보는 프로그램이 연휴 기간에는 제대로 방송되는지, 연휴 동안 재미있는 특집 프로그램은 무엇인지 등을 찾아보고 신문에 표시를 하던 추억이 있을 것이다. 당시에 '텔레비전 프로'라는 제목 하에 시청자들의 연휴 TV 시청 일정을 결정하던 편성표는 단순해 보이는 외견과 달리 실제로는 다양한 기획과 전략의 산물이었다.

편성은 그 한자어가 의미하는 것처럼 무엇을 조직하거나 구성, 또는 엮어서 만들어내는 것을 의미한다. 방송에 대해 이야기할 때의 편성이란 여러 가지 의미를 담고 있다. 가장 기본적인 것은 편성표에서처럼 개별 프로그램들의 방영시간을 결정하는 것이지만, 더 나아가 프로그램군(群)이 모여 만들어내는 채널 전체의 특징과 흐름을 지칭하기도 한다.[1] 이는 마치 신문에서 단

---

1) 가령, 어떤 채널의 편성 분야가 무엇이냐는 질문에 대해 오락, 보도, 예능, 미드, 다큐멘

〈그림 3-1〉 1980년대 텔레비전 편성표

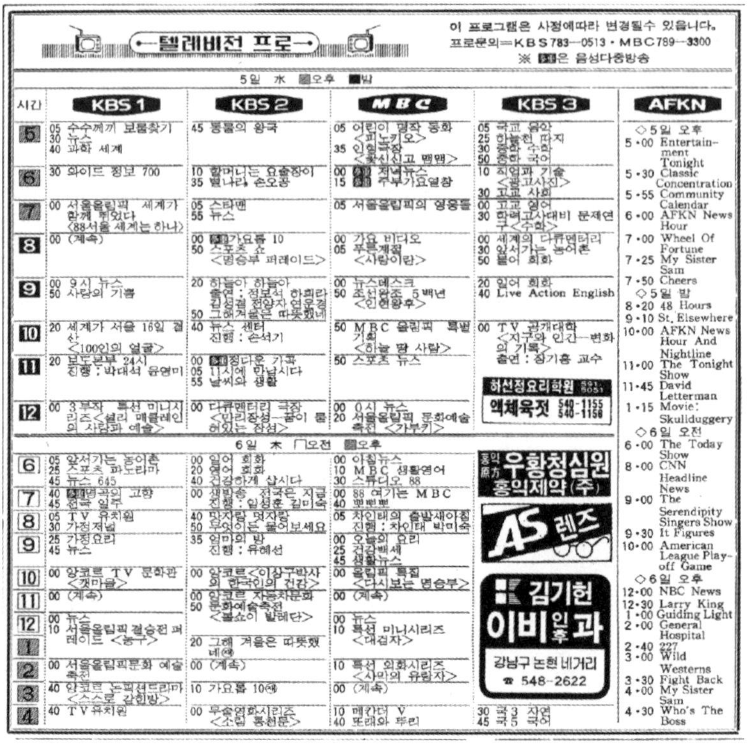

자료: ≪동아일보≫(1988.10.5: 16).

편 기사들을 배치하여 지면들을 만들어내는 편집(editing)에도 견줄 수 있다. 영어로 방송 편성을 논할 때에는 프로그래밍(programming)이라는 단어를 많이 사용한다. 이 역시 프로그램을 선택(choose)하고 시간적으로 배열(scheduling)하는 행위 자체를 일컫기도 하지만,[2] 채널에서 제공하는 프로그램 전

터리 등으로 대답하는 경우가 있다. 이때 편성은 채널에서 방송하는 프로그램들의 전반적인 특징을 나타내는 말로 채널 특성 내지는 정체성을 의미한다.

[2] 방송 편성의 시간표 짜기 측면을 강조할 때에는 program scheduling 또는 scheduled programme이라고도 하며, program line up(프로그램 배열)이라는 용어도 사용한다.

체(a group of programmes)를 일컫는 집합적인 개념 내지는 이들을 통해 표방하는 채널 특성을 의미하기도 한다(Eastman & Ferguson, 2013).

좁은 의미의 방송 편성은 특정 프로그램을 어떤 요일, 어느 시간에 방송할 것인지를 정하는 작업이라고 할 수 있다. 그러나 좀 더 넓은 의미에서 방송 편성은 방송의 핵심 기능과 역할을 규정짓는 작업으로서, 방송 사업자가 선정한 목표와 전략에 따라 프로그램을 기획·제작 또는 구매하고 이를 시청자들의 시청 행태에 따라 효과적으로 배치하는 작업을 모두 포함한다. 협의와 광의의 편성 개념을 한진만 등(한진만·심미선·강명현 외, 2006)은 같이 정리했다.

　편성이란 프로그램의 명칭, 설계, 분량, 배치 등의 프로그램 기획 과정에서부터 프로그램을 제작하는 과정까지를 모두 포함하기도 하지만, 좁은 의미의 편성은 프로그램의 내용, 형식, 시간을 결정하는 행위를 가리킨다(한진만·심미선·강명현 외, 2006: 6).

방송 편성은 마치 물건을 판매하는 상점에서 다양한 상품들을 진열대에 배치하는 것과도 비슷하다. 물건들을 적재적소에 배치하지 않으면 손님들이 어떤 상품이 어디에 있는지 파악하기 어려워 원하는 물건을 제대로 구매할 수 없기 때문에 가능한 잠재적 고객들의 눈에 잘 띄도록 상품을 배열하는 것에 비유할 수 있다(김유정, 2014). 여기서 진열대 위 상품의 위치는 곧 방송 채널 내 프로그램 방영 시간에 비유할 수 있으며, 이처럼 프로그램을 효과적으로 배치하여 보다 많은 사람들이 시청할 수 있는 상황을 만들어내는 것이 협의의 편성이다.

광의의 편성은 프로그램의 배치 외에도 이를 구체화하기 위한 전후의 과정들을 모두 포괄하는 개념이다. 하나의 프로그램을 언제 방송할 것인지를 결정하는 작업은 매우 단순한 작업 같지만, 실제로는 광범위하고 복잡한 분석과 조율 및 판단 작업을 수반한다. 해당 프로그램의 속성에 대한 파악은 물론, 그 프로그램을 시청할 잠재적 시청자군의 사회심리학적 특성에 대한 분석, 방송사 내 마케팅 또는 제작부 등 관련 부서와의 관계 조율, 그 밖에 방송사의 이미지와 경영상의 한계 등 방송사 안팎의 다양한 요소들을 고려해야 한다(김유정, 2014; 한진만·심미선·강명현 외, 2006). 그 결과, 편성의 영역에는 프로그램 배열 외에도 프로그램의 기획과 선정에서부터 홍보, 실제 방송 및 방송 후 평가까지의 전 과정이 포함된다고 할 수 있다.

편성의 정의에 관해 채널 내 프로그램의 단순한 시간적 배열을 의미하는 협의의 정의와 프로그램의 기획에서부터 제작, 판매, 구매 및 평가에 이르는 과정을 포괄하는 넓은 범위의 정의를 채택하는 입장이 나뉘어 있다. 특히 후자를 지지하는 시각은 편성 행위가 기본적으로 방송되는 사항에 대한 내적·외적 측면을 결정하는 모든 행위라고 보고 단일 채널 안에서 프로그램들의 시간적 배열뿐만 아니라 다채널 방송 사업자의 복수 채널 구성까지도 편성의 일부로 간주한다. 채널 구성을 편성으로 간주하는 이유는 상점의 상품 진열대가 한 줄만 있는 것이 아니라 여러 층(채널)이 있는 것처럼, 개별 프로그램이든 채널 단위의 프로그램군이든 시청자에 대한 소구력을 높이기 위하여 방송 사업자가 서비스 내용물을 효과적으로 포장하여 제시하는 모든 행위를 통칭하는 것이 편성이라고 보기 때문이다. 그러나 현행 방송법 체계는 전자인 협의의 편성 개념을 기반으로 하고 있다.

2) 방송법에서의 편성, 그리고 규제

좁은 의미에서든 넓은 의미에서든 편성은 방송의 가장 본질적인 활동인 동시에 방송 사업자 고유의 권한이다. 따라서 방송 사업자가 원하는 프로그램을 기획·선정하고 이를 효과적으로 방영할 수 있도록 해주는 편성 행위는 방송의 자유를 구성하는 가장 핵심적인 근간이라고 볼 수 있다(이재진, 2004; 배진아, 2007).

우리 방송법에서도 방송이란 "방송 프로그램을 기획·편성 또는 제작하여 이를 공중에게 전기통신설비에 의하여 송신하는 것"이라고 정의함으로써 편성이 방송의 핵심 요소 가운데 하나임을 명시하고 있다(방송법 제2조).[3] 단, 편성과 기획·제작 및 송신을 구분하여 열거하고 있는 방송법 조항의 문구에서 짐작할 수 있듯이, 방송법에서 말하는 편성이란 채널 내 프로그램들의 시간적 배열만을 의미하는 협의의 편성이다.

방송법에서 편성을 협의로 제한한다고 해석하는 이유는 연관된 다른 조항들을 통해서도 확인할 수 있다. 먼저 방송법은 제2조(용어의 정의)에서 편성을 '방송되는 사항의 종류·내용·시각·배열을 정하는 것'(동 조항 제15호)이라고 정의한다.[4] 이때 방송법에서는 '방송되는 사항'이 무엇인지에 대한 별도의 법적 정의를 내리고 있지는 않으나, 관련 조항들을 살펴보면 프로그램을 넘어서 채널 단위까지 포함하고 있지는 않다고 해석할 수 있다(고민수, 2011). 이는 먼저, 현행 방송법에서 방송의 정의를 논할 때 그 기본 단위를 방송 프로그램이라고 했기 때문에 개념상 방송에 종속된 편성 역시 그 기본 단위를 방송 프로그램으로 보는 것이 적절하다는 시각에서 비롯된다. 더 나아가 방송법 제2조 제17호에서는 방송 프로그램을 '방송 편성의 단위'가 되는 방송 내용물로 정의하고 있다.[5] 또한 방송법에서 규정하는 종합 편성과 전문 편

---

3) "방송"이라 함은 방송프로그램을 기획·편성 또는 제작하여 이를 공중(개별계약에 의한 수신자를 포함하며, 이하 "시청자"라 한다)에게 전기통신설비에 의하여 송신하는 것으로서 다음 각목의 것을 말한다(방송법 제2조 제1호).

4) "방송편성"이라 함은 방송되는 사항의 종류·내용·분량·시각·배열을 정하는 것을 말한다(방송법 제2조 제15호).

성은[6] 방송 프로그램을 편성 행위의 적용 대상으로 보고 있기 때문에 편성의 기본 단위는 '방송 프로그램'으로 보는 것이 타당하다는 해석이 가능하다.

이 조항들을 종합해보면, 현재 방송법에서 규정하는 방송 편성은 '방송 프로그램'의 종류, 내용, 분량, 시각, 배열을 정하는 것으로 해석 가능하기 때문에 방송법에서 규정하는 방송 편성은 단일 채널 내에서 방송 프로그램을 배열하는 협의의 개념으로 한정된다(고민수, 2011; 남윤미·주성희·성욱제 외 2011).

그렇다면, 여러 채널을 제공하는 다채널 방송 사업자, 가령 HCN, CJ헬로비전과 같은 종합유선방송, 또는 올레TV나 SK Btv와 같은 IPTV[7] 사업자들이 특정 채널들을 선택하여 제공하고 서로 다른 채널 묶음(tier)을 만들어내는 것은 편성 행위가 아닌가? 현재의 방송법에 따르면 이 질문에 대한 대답은 '아니다'이다.

앞서 얘기한 바와 같이 일반적으로 매체의 편성(media programming)에 대해 이야기할 때에는 여러 채널을 구성하는 방식 역시 광의의 편성 행위로 간주하고 편성의 영역에 포함시킨다(Eastman & Ferguson, 2013). 다채널 사업자

---

5) "방송프로그램"이라 함은 방송편성의 단위가 되는 방송내용물을 말한다(방송법 제2조 제17호).

6) "종합편성"이라 함은 보도·교양·오락등 다양한 방송분야 상호 간에 조화를 이루도록 방송프로그램을 편성하는 것을 말한다(방송법 제2조 제18호).
"전문편성"이라 함은 특정 방송분야의 방송프로그램을 전문적으로 편성하는 것을 말한다(방송법 제2조 제19호).

7) 흔히 IPTV(Internet Protocol Television)라고 불리는 "인터넷 멀티미디어 방송"이란 광대역통합정보통신망 등(자가 소유 또는 임차 여부를 불문하고, 「전파법」 제10조 제1항 제1호에 따라 기간통신사업을 영위하기 위하여 할당받은 주파수를 이용하는 서비스에 사용되는 전기통신회선설비는 제외한다)을 이용하여 양방향성을 가진 인터넷 프로토콜 방식으로 일정한 서비스 품질이 보장되는 가운데 텔레비전 수상기 등을 통하여 이용자에게 실시간 방송프로그램을 포함하여 데이터·영상·음성·음향 및 전자상거래 등의 콘텐츠를 복합적으로 제공하는 방송을 말한다(인터넷 멀티미디어 방송사업법 제2조 제1항).

에게는 최적의 시청률을 이끌어내기 위해 상품을 배열하는 방식이 주로 채널 단계에서 이루어지기 때문이다. 하나 또는 소수의 채널을 통해 방송 서비스를 제공하는 방송 사업자는 각 채널 내 시청자 흐름을 최적화하는 편성 전략을 구사하지만, 다채널 유료방송 사업자에게는 복수의 채널들을 효율적으로 구성하여 시청자를 유인하는 것이 편성 행위이다. 그러나 국내 방송법에서는 편성의 범위를 확장하여 채널 내 및 채널 간 편성을 모두 포괄하는 대신, 다채널 방송 사업자의 다채널 편성을 '채널 구성'이라는 별도의 용어를 사용하여 협의의 편성과 구분하고 있다.[8]

한편, 방송법은 총칙에서 방송 사업자의 편성의 자유와 독립을 보장하고 있으나,[9] 동시에 방송 사업자가 편성할 때 지켜야 할 다양한 의무 역시 규정하고 있다. 시각과 청각에 동시에 호소하는 동영상 메시지의 파급력, 전파의 즉시성, 침투성 등 방송 매체 고유의 속성으로 인해 방송은 강력한 사회문화적 영향력을 발휘하기 때문에 필연적으로 공공성을 띠게 되며, 이에 상응하는 공적 책무를 져야 한다고 보기 때문이다.[10] 따라서 방송법에서는 원칙적으로 방송 편성의 자유와 독립을 보장하지만, 한편으로는 방송이 지향해야

---

8) 2017년 6월 현재 방송 '편성'의 영역은 방송통신위원회가 관할하고 있으나, 채널의 '구성'에 관해서는 과학기술정보통신부(구 미래창조과학부)가 담당하고 있다.

9) 방송법 제4조(방송편성의 자유와 독립)
① 방송편성의 자유와 독립은 보장된다.
② 누구든지 방송편성에 관하여 이 법 또는 다른 법률에 의하지 아니하고는 어떠한 규제나 간섭도 할 수 없다.

10) 과거에는 공공성 논리 외에도 방송에서 사용하는 주파수 자원의 희소성이 근거가 되어 이처럼 방송에 대한 규제와 의무가 정당화되었다. 즉, 주파수는 희소성을 지닌 공공의 자산이므로 주파수 사용허가를 받은 방송 사업자는 희소한 자원에 대한 공적 수탁자(public trustee)로서 공공의 이익을 위해 방송 프로그램을 편성해야 하는 책무를 진다는 것이다. 다채널 다매체 시대에는 이러한 주파수 자원의 희소성 논리가 타당성을 상실했다.

하는 공익적 책무까지 제시하고 있는 것이다.[11]

　이러한 맥락에서 국내 방송 사업자들은 현재 방송법 제69조(방송 프로그램의 편성 등), 제71조(국내 제작 프로그램의 편성), 제72조(순수 외주 제작 프로그램의 편성) 등에 의거하여 매체별로 편성과 관련된 다양한 규제를 받고 있다(주성희·박상진·이주영, 2016). 가장 대표적인 편성 규제로는 분야별 의무 편성 규제가 있다. 이는 프로그램의 분야를 보도, 교양, 오락의 세 가지로 나누고 이 가운데 오락 프로그램이 차지하는 비율을 일정 수준 이하로 제한하는 규제이다.[12] 순수 외주 제작물 의무 편성 비율은 프로그램 제작원의 다양성을 보장하기 위해 도입된 규제로서 해당 방송 사업자가 아닌 외부의 독립 제작사가 제작한 프로그램을 일정 비율 이상 방송하도록 하는 제도이다. 이 외에도 국내 방송 산업의 발전을 도모하기 위해 국내에서 제작된 방송 프로그램을 일정 비율 이상 방영하도록 하는 국내 제작물 의무 편성 비율이 있으며, 이 제도의 실효성을 담보하기 위해 국내 제작물 여부를 판단하는 상세한 별도 기준도 마련되어 있다. 한편, 지역 여론 형성 및 지역 문화와 정체성 강화라는 공익적 목적을 위해 지역 민영방송에 적용되는 편성 규제도 있다. 이는 지역 민방이 다른 방송 사업자의 편성물을 전송(수중계)하는 비율을 제한하고 자체적으로 편성하는 분량을 담보하도록 하는 것이다. 그 밖에 방송 프로그램의 다양성을 확보하기 위한 추가적인 편성 규제로서 유료방송의 전문 편성 채널들에 대하여 등록된 전문 분야 프로그램을 일정 수준 이상 방송하도록 규정하는 주된 분야 편성 비율 규제도 있다.[13]

---

11) 방송법 제5조는 방송의 공적 책임을, 방송법 제6조는 방송의 공익성과 공공성에 대한 원칙을 규정하고 있으며 방송법 제69조에서는 좀 더 구체적으로 방송 편성에 있어서 균형성, 사실성, 공정성, 공공성, 다양성을 강조한다.

12) 과거에는 보도, 교양, 오락 모두에 대해서 의무 편성 비율이 정해져 있었으나 현재는 오락 프로그램에 대해서만 규제하고 있다.

최근 이용자가 점점 증가하고 있는 넷플릭스나 티빙 등 온라인 동영상 서비스가 시청자들에게는 기존의 방송 서비스와 별로 다르지 않다고 느껴질 수 있으나 이들에 대해서는 방송법에 포함된 편성 규제들이 적용되지 않는다. 어떤 매체가 방송 편성 규제의 적용 대상인지의 여부를 알기 위해서는 먼저 그 매체에서 제공하는 서비스가 방송 서비스로 분류되고 있는지에 대한 법률적 판단이 필요하다. 방송 편성 규제는 기본적으로 방송 서비스를 전제로 하기 때문이다. 일반인 시각에서 볼 때 온라인 동영상 서비스는 전통적인 방송과 여러 면에서 유사하지만, 그 서비스가 방송을 규정하는 여러 가지 기준에 부합하지 않으면 법적으로 방송 편성 행위를 하고 있다고 할 수 없으므로 방송 편성 규제의 적용 대상이 될 수 없다(남윤미·주성희·성욱제 외, 2011). 예를 들어 방송 전용 주파수나 통신사업자의 전송망과 같은 별도의 전용 전송망을 이용하지 않고 오픈 인터넷을 통해 제공되는 동영상 서비스는 설사 TV 방송과 같이 실시간으로 콘텐츠를 제공한다 하더라도 국내 방송법에서는 아직까지 방송으로 인정되지 않는다.[14)]

　　시청자가 보면 온라인 동영상 방송 콘텐츠는 시청하는 단말기만 다를 뿐 전통적인 방송과 유사하며 경우에 따라서는 동일한 프로그램을 시청할 수도 있다. 그러나 현행 방송법에서는 콘텐츠와 이를 전송하는 전송망 또는 매체를 구분하고 각 계층 내에서 유사한 서비스는 동일한 규제를 적용하는 것이 아니라(수평적 규제), 지상파, 케이블, 위성, 등의 매체 또는 플랫폼을 기준으

---

13) 방송통신위원회에서 매년 발간하고 있는 「방송사업자 편성현황 조사」 보고서(일명 편성백서)에서는 방송법에서 규정하는 다양한 편성 규제와 이에 대한 주요 방송 사업자들의 준수 현황을 제시하고 있다.

14) 단, 올레TV나 Btv처럼 통신사업자가 서비스 품질(Quality of Service: QoS)이 보장되는 전송망을 통해 제공하는 IPTV는 별도의 법(인터넷 멀티미디어 방송사업법)을 통해 지상파, 종합유선방송 및 위성방송 등과 마찬가지로 방송 제공 및 방송 콘텐츠 분야로 사업이 구분되며, 이들 방송 플랫폼과 마찬가지로 편성 규제 및 채널 구성 규제가 적용된다.

로 분류하고 유사한 서비스에 대해서도 매체가 다른 경우 다른 규제를 적용하는 수직적 분류체계를 취하고 있다. 따라서 단지 그 서비스가 외형상 전통적인 TV 방송과 비슷하다는 이유만으로 매체와 무관하게 기존의 방송서비스에 적용되는 편성 규제를 적용하지 않는다.

모바일 또는 온라인 동영상 서비스에 대해서는 아직까지 전 세계적으로 공통된 규범 체계가 마련되어 있지 않으며, 현행 국내 법령에서도 이 서비스들을 방송에 준해서 규제하고 있지 않다.[15] 실제로 현행 법체계에서 이들은 오히려 방송 사업이 아니라 통신 사업의 일부로 포함되고 있다.

현행 전기통신사업법 규정은 통신사업의 종류를 기간/별정/부가 통신사업으로 구분하고 있다. 이 가운데 부가통신사업에는 전화, 인터넷 접속 등의 기간통신역무나 별정통신역무에 해당하지 않는 나머지 모든 경우가 포함된다(제2조 제12호). 인터넷을 통해 동영상 서비스를 제공하더라도 전송 속도나 지연, 전송 용량 등에 있어서 서비스 품질(QoS)이 보장되는 전용망을 사용하게 되면 별도의 '인터넷 멀티미디어 방송사업법'(일명 IPTV법)에 따르도록 규정하고 있으나, 일반 인터넷이나 모바일 기기에서 시청할 수 있는 동영상처럼 오픈 인터넷망에서 QoS 보장 없이 콘텐츠 서비스를 제공하는 경우는 전기통신사업법상 부가통신역무를 제공하는 부가통신사업자(사업법 제24조)에 해당한다(곽동균·권용재·김호정 외, 2015).

그 결과 흔히 '짤방'이라고 하는 짧은 방송 동영상 클립 시청을 위해 이용자들이 즐겨 찾는 네이버나 다음 등의 인터넷 포털에서 제공하는 동영상 서비스 역시 모두 전기통신사업법상 부가통신사업에 속하며,[16] 방송 편성 규

---

15) 단, 인터넷이나 모바일 방송 콘텐츠 서비스를 제공하는 사업자가 원래 방송 사업자인 경우 사업자 스스로 방송 사업의 기준에 준하여 즉, 방송 광고 및 심의 규제 등을 고려하여 서비스를 제공하기는 한다.

16) 부가통신사업에는 서로 다른 성격의 다양한 서비스들이 모두 포함되어 있어서 동영상

제의 적용 대상이 아니다. 다시 말하면, 현행 법령의 테두리 내에서 모바일 또는 온라인 동영상 콘텐츠 서비스는 비록 특정 콘텐츠를 선정하고 배열하는 작업을 수반하고 있음에도 불구하고 방송 서비스, 또는 방송 서비스의 일부가 준용되는 IPTV 서비스로도 분류되지 않으며, 방송 사업자에게 적용되는 내용 또는 서비스 제공상의 규제들, 예를 들어 방송심의규정 또는 편성 규제 역시 적용되지 않는다.[17]

최근 국내에서도 가입자가 늘어나고 있는 넷플릭스의 경우는 어떨까? 넷플릭스 역시 사업자가 가입자에게 관심을 끌 만한 콘텐츠들을 시장마다 차별적으로 선정하여 배열하고 있으므로 일종의 편성 행위를 수행한다고 볼 수 있지만, 서비스 품질이 보장되지 않는 오픈 인터넷망을 사용해서 서비스를 제공하기 때문에 국내법에 따라 역시 방송 사업자가 아닌 부가통신사업자로 간주되며 방송 편성 규제의 적용 대상이 아니다.[18]

서비스 외에도 PC 통신, 이메일, 검색엔진, 게임 온라인 쇼핑은 물론, 페이스북, 카카오톡, 밴드 등의 소셜 네트워크 서비스(SNS) 등도 모두 부가통신사업 영역에 포함된다.

17) 그러나 부가통신사업자를 포함하는 모든 전기통신사업자는 정보통신서비스 제공자이므로 '정보통신망 이용촉진 및 정보보호 등에 관한 법률'(이하 정보통신망법)을 준수할 의무가 있다. 따라서 정보통신망법 제44조의 7에서 규정하는 불법 정보 유통 금지 의무를 지게 되며, 이는 서비스 제공자뿐만 아니라 정보통신망을 이용하는 모든 사용자에게도 공통적으로 적용된다. 여기서 불법 정보에 해당하는 콘텐츠란 음란물, 명예훼손, 공포심이나 불안감을 유도하는 정보, 정보통신시스템의 운용을 방해하는 정보, 청소년 유해 매체물, 사행 행위, 국가기밀 누설, 국가보안법 위반 내용, 범죄 교사 또는 방조 등으로 상당히 엄격한 것으로 보이지만, 실제로는 방송심의규정을 통해 방송 사업자에게 요구하는 것보다는 낮은 수준이다(곽동균·권용재·김호정 외, 2015). 정보통신망법 제44조의 7 제2항에 따라 방송통신위원회는 방송심의위원회의 심의를 거쳐 불법정보의 취급을 정지, 제한하도록 명할 수 있으며, 사업자가 명령을 불이행하는 경우 2년 이하의 징역이나 2000만 원 이하의 벌금을 부과할 수 있다.

18) 해외 사업자의 경우에는 설사 불법 정보를 제공한다 하더라도 그에 대해 정보통신망법에 근거하여 제재를 가하기 어려운 것이 현실이다. 따라서 일종의 대안으로써 ISP를 거쳐야만 서비스가 가능하다는 인터넷의 특성을 고려하여 국내 ISP에 대해 해당 정보의 차

이상에서 살펴본 바와 같이 현행 법령에 따르면 방송 편성이라는 용어를 적용할 수 있는 대상은 방송법상에서 특정하는 방송 사업자로 한정되며, 다채널 방송 사업자의 채널 구성에 대해서는 편성이라는 용어를 사용하지 않는다. 또한 외견상 방송과 비슷함에도 불구하고 법체계상 방송으로 분류되지 않는 서비스는 방송 편성 행위가 인정되지 않기 때문에 이들은 방송 편성 규제의 대상이 아니다.

그럼에도 불구하고 업계에서는 프로그램이나 채널의 구분 없이 방송 사업자가 콘텐츠를 효과적으로 선택, 배치, 배열하는 작업 및 이를 둘러싼 기획과 운영, 평가 전반을 통칭하는 편성 개념을 종종 사용하고 있으며, 이후의 논의에서도 편성을 협의의 개념으로만 제한하지 않는다.

3) 편성 전략과 편성 성과

전통적인 TV 방송에서 편성의 기본 원칙은 경쟁력 있는 프로그램을 적절한 시간에 방영함으로써 가능한 한 더 많은 사람들이 그 채널을 시청하도록 만드는 것이다. 좀 더 구체적으로, 정해진 요일과 시간대에 특정 프로그램을 반복적으로 방송하여 시청자로 하여금 그 시간에 같은 프로그램을 시청하는 일종의 습관을 형성하도록 함으로써 그 프로그램 또는 채널 자체에 대한 충성도를 높여 지속적으로 콘텐츠 소비를 유도한다.

이러한 맥락에서 편성의 성과는 얼마나 많은 사람이 그 프로그램 또는 채널을 시청했는지를 바탕으로 평가되어왔다. 따라서 얼마 전까지만 해도 프로그램의 성과를 측정하는 가장 중요한 척도는 시청률이었으며, 개편 시에

단을 명하는 우회적 규제 방법을 사용하거나 해당 해외 사업자에게 문제의 동영상을 내리거나 차단하도록 협조를 요청하고 있다.

는 시청률 수치에 근거하여 프로그램의 폐지 또는 지속 여부가 결정되곤 했다. 만약 해당 프로그램의 장르나 그 프로그램이 목표로 하는 시청자의 특성상 불특정 대다수가 시청하기 어려운 경우에는 프로그램에 대한 충성도, 즉 반복 시청률 등으로 편성 성과를 측정하기도 했다.

효과적인 편성은 이러한 시청률에 가장 직접적인 영향을 미치는 요인으로 알려져 있다. 물론 아무리 재미있는 프로그램이라 하더라도 그 시간대에 전국적으로 TV 수상기를 이용하는 가구나 시청자 수 자체가 낮은 시간(일명 주변 시간대)에 편성된다면 그 시청률은 어쩔 수 없이 낮을 수밖에 없다. 그러나 주변 시간대에 편성되지 않더라도 같은 시간대에 경쟁 채널에서 인기가 높은 강력한 프로그램이 대응 편성된다면 역시 높은 시청률을 기록하기 어려울 것이다. 이러한 점들을 고려하면 성공적인 편성을 위해서는 프로그램 각각의 특징뿐만 아니라 가용한 시간대의 시청 인구 규모, 경쟁 채널에서 방송 중인 프로그램 등 여러 가지 측면을 골고루 감안해야 한다.

효과적인 편성 전략을 구사하기 위한 기본 원칙을 이스트먼과 퍼거슨은 다음과 같은 다섯 가지로 요약하여 제시했다(Eastman & Ferguson, 2013).

첫째는 적합성(compatibility)으로, 시청자의 생활 주기에 적절히 어울리는 프로그램을 편성해야 한다는 의미이다. 두 번째 원칙은 습관 형성(habit formation)으로, 시청자가 특정한 시간대에 특정 프로그램을 시청취하는 것이 습관이 되도록 편성 전략을 마련해야 한다는 뜻이다. 세 번째 원칙은 시청자 흐름의 통제(control of audience flow)로서, 한 프로그램에서 다음 프로그램으로 시청이 자연스럽게 이어질 수 있도록 전략을 짜야 한다는 것이다. 네 번째, 편성 재원의 보존(conservation of program resources) 원칙은 높은 제작비용이 소요되는 프로그램을 최대한 적절하게 재활용하는 것이다. 다섯 번째는 프로그램의 소구 대상의 범위(breadth of appeal)로서 가능한 한 광범위한, 즉 다수의 수용자에게 어필할 수 있도록 해야 한다는 원칙이다.

이러한 원칙을 바탕으로 업계에서는 그동안 다양한 채널 내 또는 채널 간 편성 전략이 개발되어 활용되어왔다(Eastman & Ferguson, 2013). 채널 내 편성 전략은 단일 채널 내 시청자 흐름을 최적화하는 것을 목표로 하며, 줄띠 편성(strip programming), 장기판 편성(checkerboarding), 구획 편성(blocking), 그물 침대 달기(hamocking), 텐트 기둥 세우기(tent-poling) 편성 등이 그 대표적인 사례이다.

좀 더 구체적으로 줄띠 편성은 매일 정해진 시간대에 같은 프로그램을 띠(strip)처럼 편성함으로써 규칙적인 시청 습관을 형성하도록 유도한다. 띠 편성이 여러 날짜에 걸친 횡단적인 편성 전략이라면, 구획 편성은 단일 요일 내 종단적인 편성 전략으로써 비슷한 프로그램을 구획처럼 연달아 편성하는 것이다. 장기판 편성은 줄띠 편성과 달리 같은 시간대에 요일마다 다른 장르의 프로그램을 편성하여 시청자의 다양한 욕구를 충족시킬 수 있도록 하는 것이다. 그물 침대 달기와 텐트 기둥 세우기는 인기 프로그램을 이용하여 새로운 프로그램, 또는 비인기 프로그램의 시청률을 높이는 전략이다. 전자는 나무 사이에 걸린 그물 침대(hamock)처럼 인기 있는 두 프로그램 사이에 문제의 프로그램을 끼워 넣는 반면, 텐트 기둥 세우기는 반대로 뾰족한 텐트 기둥처럼 인기 프로그램의 전후에 프로그램을 편성함으로써 동반 시청률 상승을 꾀하는 전략이다.

채널 간 편성 전략은 다른 채널과의 경쟁 상황을 고려하여 구사하는 것으로써, 실력 편성(power prgramming), 보완 편성(counter programming), 함포 사격 편성(blockbuster programming), 스턴트 편성(stunt programming), 엇물리기 편성(cross programming) 등이 있다(Eastman & Ferguson, 2013).

실력 편성은 경쟁 채널에서 인기 있는 프로그램에 대응하기 위해 비슷한 내용과 구성의 프로그램을 편성하는 것으로 속칭 맞짱 뜨기 전략이라고도 부를 수 있다. 보완 편성은 실력 편성과 달리 경쟁 채널에서 목표로 한 시청자 집단을 겨냥하되 경쟁 채널 프로그램과 차별화된 프로그램을 편성하는 것이다. 함포 사격은 '블록버스터'라는 이름이 의미하는 것처럼 경쟁력 있는 대형 호화 프로그램을 편성하는 것으로써 채널 내 편성 전략 중 구획 편성과도 비슷한 전략이다. 스턴트 편성의 경우 사전 예고 없이 갑자기 경쟁력 있는 프로그램을 편성하는 것으로서, 특집 편성 등이 여기에 해당할 수 있다. 엇물리기 편성은 경쟁 채널로 시청자들이 옮겨가는 것을 방지하는 한편 상대 채널의 시청자들을 끌어오기 위하여 경쟁 채널의 프로그램 시작 및 종료 시점과 시간적 차이를 두고 프로그램을 편성하는 것이다. 경쟁 채널의 프로그램보다 먼저 시작하고 먼저 끝나도록 한 뒤 후속 프로그램이 경쟁사보다 먼저 시작하도록 함으로써 시청자 유출을 막는 전략이다.

이쯤에서 최근에 많이 이용되고 있는 인터넷 동영상이나 모바일 동영상 서비스, 주문형 서비스 등 새로운 유형의 서비스에서는 기존의 방송과 달리 어떻게 편성을 어떻게 수행하고 있을까 하는 의문이 생겨날 것이다.

프로그램 또는 채널이 목표로 선정한 시청자들에게 가능한 한 많이 도달할 수 있는 여건을 조성한다는 편성 전략의 근본 원리는 불특정 다수를 겨냥한 대중 오락물이건 소수 취향의 콘텐츠이건 변함이 없다. 또한 효과적인 편성 전략의 5대 기본 원칙 역시 정도의 차이는 있으나 방송과 유사한 새로운 동영상 서비스에서도 여전히 유효하다. 가령, 생활 주기와의 적합성, 시청 습관 형성의 원칙은 온라인 동영상 서비스에서도 쉽게 찾아볼 수 있다. 시청자의 생활주기에 맞추어 매주 시청자가 많이 몰리는 특정 요일이나 시간대에 새로운 에피소드를 공개하거나, 시즌의 특성에 맞춰 특집물을 대량, 집중 편성하는 등의 형태로 변형되어 유지되고 있다. 다시보기 서비스에서 자주 쓰는 편성 전략의 하나는 한 에피소드가 끝나면 자동으로 다음 에피소드로 연결되는 방식으로서, 이는 시청자 흐름(audience flow)을 통제하기 위한 전략의 연장선으로도 해석될 수 있다.

편성에 대한 성과의 차원에서 살펴보면 과거나 지금이나 편성에서 가장 중요한 기준은 시청자의 관심 내지는 충성도이다. 전통적으로 콘텐츠 서비스 시장의 가장 기본적인 수익 모델 중 하나는 콘텐츠를 매개로 하여 시청자의 관심을 획득한 뒤 이를 광고주나 여타 미디어 사업자들에게 판매하는 것이다. 그리고 콘텐츠에 대한 시청자들의 관심과 콘텐츠의 영향력을 가늠하는 핵심 잣대로 가장 빈번하게 사용된 기준은 시청률이었다.

온라인 또는 모바일 동영상 서비스와 같은 새로운 유형의 서비스에서는 시청 여부에 관한 정보 획득이 쉬워지는 동시에 획득 가능한 시청자 정보의 종류와 정확도 역시 높아질 수 있기 때문에 콘텐츠의 성과에 대한 평가가 단순한 시청률의 차원을 넘어선다. 구체적으로, 예전에는 전체 가구 중 몇 가구가 프로그램을 시청하고 있는지, 누적 시청자는 얼마나 되는지 정도만을 확인했다면, 온라인 및 모바일 동영상 서비스에서는 특정 연령대, 예를 들어 20~40세의 시청률, 클릭 수, 일정 시간 이상 시청자 수(view), 프로그램과 관련된 광고 수익, 판매 수익, 손익, 효율성 등의 성과 지표를 빠른 시간 내에 확인할 수 있게 되었다. 이와 동시에 프로그램의 사회적 파급력이나 질적 성과를 보여주는 척도 역시 급속도로 부상하고 있다. 프로그램의 질적 수준에 대한 시청자의 평가, 소셜 미디어 등을 통해 시청자들 사이에서 계속 회자되는지의 여부를 측정하는 화제성 지수, 사회적 시청률(social rating) 지수 등이 방송과 유사한 새로운 시청각 서비스의 성공적인 편성을 위해서 지속적으로 개발되어 사용되고 있다. 이에 대해서는 제4장에서 좀 더 자세히 다룬다.

2. 누구에 의한 누구를 위한 편성인가?

가정에서는 편성표가 사라지고, 방송사에서는 편성부서가 개편되고, 시청자들의 프로그램 이용이 시간과 공간을 초월하면서 다변화된다. 이런 일련의 변화로 인해 방송사의 편성은 소멸되고 말 것인가?(배진아, 2016: 7)

1) 시청 행태와 편성의 변화

오늘날 대한민국의 시청자들은 200여 개가 넘는 많은 채널과 프로그램에 대한 선택권을 가지고 있다. 1950년대 말에 한국 최초의 TV 방송이 시작된 이래 고작 4개 정도에 불과하던 TV 방송 채널이 1990년대 중반 케이블 방송과 2000년대 초반 인터넷 멀티미디어 방송(IPTV) 도입을 계기로 수십 개에서 수백 단위로 갑자기 늘어났다. 여기에 더하여 2010년을 전후로 본격적으로 확산되기 시작한 스마트 폰과 태블릿, 넷북 등 휴대용 멀티미디어 기기는 언제 어디서나 원하는 방송 프로그램 또는 동영상의 선택적 시청이 가능한 무한 방송 시대를 열어주었다.

방송과 통신 기술이 융합된 모바일 및 인터넷 기반 동영상 매체의 이용이 늘어나면서 방송 영역에서 콘텐츠, 장르 및 시청 방식의 변화가 동시다발적으로 일어나고 있다(강형철, 2014). 매년 동일한 조사 대상자를 추적하여 TV 수상기와 라디오, PC, 태블릿, 스마트폰 등 다양한 시청각 매체에 대한 인식과 시청취 행태를 조사하는 방송통신위원회의 「방송매체 이용행태 조사」에

〈그림 3-2〉 국내 주요 방송 미디어 도입 역사

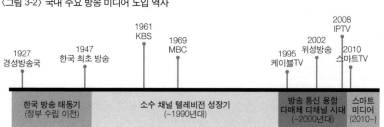

따르면 '일상생활에서 없어서는 안 될 매체'로 스마트폰을 꼽는 비율이 점차 증가했고 심지어 2015년부터는 같은 질문에 대해 텔레비전 수상기를 선택하는 비율을 넘어선 것으로 나타났다(방송통신위원회, 2016). 이와 동시에 모바일 스마트 기기와 주문형 비디오 시청의 확산으로 인해 가외(家外) 시청(out of home viewing), 몰아 보기(binge viewing),[19] 원하는 시간에 시청하기(time-shift viewing) 등 시간과 공간의 제약을 넘어서는 이동형 또는 능동형 시청 행태가 급격히 증가하고 있다(정동훈, 2016).

전통적인 TV 방송에서는 프로그램의 방영시간과 채널이 이미 정해져 있어서 시청자들이 특정 채널에서 제공하는 프로그램의 연속적 배열 또는 흐름 속에 들어가고 나오는 것을 반복하게 된다. 이처럼 사전에 정해놓은 시간과 흐름에 따라 프로그램을 제공하는 방식을 설명하기 위해 선형(linear) 또는 실시간(live)이라는 용어를 사용한다.[20] 그리고 이에 대비되는 개념으로 시청자들이 특정 채널에서 방송 사업자가 사전에 정하여 제공하는 프로그램의 배열에 구애받지 않고 원하는 콘텐츠를 원하는 시간에 선택 시청할 수 있도록 제공하는 것을 비선형(non-linear) 또는 비실시간이라는 용어를 써서 구분한다.

비선형 시청의 특징은 콘텐츠 소비 시간대의 변화가 가능하며 시청자의 요구에 따라 콘텐츠가 제공되는 주문형(on demand) 방식이다. 오늘날의 방송 콘텐츠 시청 행위는 이러한 비선형성 외에도 모바일 단말기를 활용한 이동성을 지향하고 있어서 스마트폰, 스마트패드를 활용하여 하나의 콘텐츠를 여러 기기에서 연달아 시청할 수 있는 다중 스크린(N-screen) 소비가 가능하

---

19) binging은 binge watching 혹은 binge viewing으로 표현되기도 하며 우리나라에서는 '몰아보기'라는 용어로 통용된다.
20) 이때의 '실시간'은 공연이나 행사의 실황 또는 라이브(live) 중계를 의미하는 것이 아니라, 수상기를 켰을 때 이용자의 선택과 무관하게 방송 사업자가 사전에 정해놓은 스케줄에 따라 콘텐츠가 계속해서 재생되고 있다는 의미이다.

〈그림 3-3〉 방송 미디어의 변화

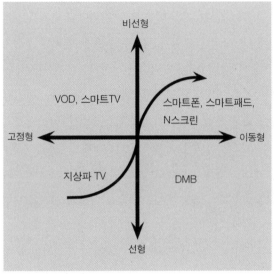

비선형

VOD, 스마트TV

스마트폰, 스마트패드,
N스크린

고정형 ←――――――――→ 이동형

지상파 TV

DMB

선형

자료: 강형철, 2014.

다는 특징이 있다. 과거에는 한 장소에 고정된 텔레비전 수상기를 중심으로 선형 방식으로 서비스를 제공했다면, 오늘날의 미디어는 이동 중에도 사용 가능한 모바일 기기에서 비선형 방식으로 서비스를 제공할 수 있게 되면서 방송 미디어의 외연이 확장, 다변화되어왔다(〈그림 3-3〉)(강형철, 2014).

이러한 방송 매체 환경의 변화에 따라 단일 채널 내 프로그램의 시간적 배열에 초점을 맞추는 전통적 편성 개념에 대한 재해석이 필요하다. 특히 모바일 스마트 기기의 확산으로 인해 시청자들은 더 이상 습관적으로, 혹은 우연히 TV를 켰을 때 나오고 있는 프로그램을 수동적으로 시청하는 것이 아니라, 원하는 프로그램을 원하는 시간과 장소에서 선택하여 시청하는 적극적인 '이용'으로 변화하고 있다. 그 결과 프로그램 시청을 위해 전통적인 TV 편성표에 수동적으로 의존하는 경우가 줄어들고 있으며, 사업자들 또한 시청자의 선택을 이끌어내기 위해 방송 콘텐츠를 배치·제시하는 방식을 변화시키고 있다.

어떤 프로그램을 편성할지의 여부 역시 미디어의 발전과 시청 방식 변화에 영향을 받는다. 오늘날 사업자들의 우선 과제 중 하나는 증가 추세에 있는 비선형 또는 이동형 미디어에 익숙한 시청자들에게 어필하는 것이다. 이들은 디지털 기기와 인터넷에 익숙한 비교적 젊은 세대로서, 새로운 유형의 미디어 이용에 대한 자기 효능감이 상대적으로 높고 이전 세대와 달리 자기 주도적으로 콘텐츠를 선택하는 데에도 익숙하다. 전통적 텔레비전 방송에서 시청률을 높이는 방법은 다른 채널로 이동하기 쉬운 시청자를 사로잡는 것이었다. 즉, 일단 자사 채널 프로그램을 시청하기 시작한 사람은 다른 채널로 옮겨가지 못하도록 유출을 막는 것과 동시에, 다른 채널로부터 새로운 시청자를 유입시키는 것이 성공적인 편성 전략의 핵심이었다. 특히 채널 충성도가 높은 시청자들은 리모컨이 있더라도 채널 전환을 자주 하지 않지만, 비교적 젊고 교육 수준과 구매력이 높은 시청자은 채널 간 이동이 잦기 때문에 전통적인 텔레비전 방송에서도 이들에게 좀 더 매력적으로 인식될 수 있는 방향으로 프로그램을 기획·편성해왔다(강형철, 2014). 비고정형 미디어와 자기 주도적 시청 행위가 증가하고 있는 최근의 방송 환경에서는 이러한 인구사회학적 특성을 가진 인구층에 소구하는 내용의 콘텐츠 구성과 편성 전략이 자연스럽게 늘어날 수밖에 없다.

사전에 정해진 스케줄 없이 주문형 방식으로 이루어지는 비선형적 시청 방식은 비교적 시의성과 상관없는 프로그램 장르, 예를 들어 드라마, 연예오락 등의 프로그램에 더 적합하다. 반면, 뉴스와 시사는 콘텐츠의 가치와 경쟁력을 신속성, 적시성이 좌우하기 때문에 시간과 관계없이 시청자가 편한 시간에 골라서 소비하는 대상이 되기 어려우며 앞으로도 계속 선형 서비스에서 주로 효과를 발휘할 수 있는 장르이다. 또한 미디어 기기 자체의 특징과도 관련된 것으로, 고정형 시청에는 아무래도 시간이 긴 프로그램이 더 적합한 반면, 이동형 시청에는 짧은 프로그램이 많이 소비되는 것으로 알려져 있다. 그러나 이동형 모바일 기기를 이용한 동영상 시청이 반드시 실외에서 이동시에만 이루어지는 것은 아니다. 신유형 미디어 기기를 이용한 온라인 또는 모바일 동영상 시청은 시청자가 원하는 편한 장소와 시간이라면 실내 실외에 무관하게 어디에서나 시청이 가능하다는 의미이기 때문이다. 따라서 전통적 텔레비전 방송에서 편성되던 길이가 긴(long-form) 콘텐츠가 경쟁력을 완전히 상실할 것이라고 예단하기는 어렵다.

편성은 방송의 양면을 매개하는 역할을 한다. 한쪽은 시간적 또는 공간적 제한 내에서 콘텐츠의 제시를 효율적으로 구조화함으로써 최대한의 시청자를 끌어들이고 유지하려는 콘텐츠 서비스 제공자의 측면이다. 다른 한 쪽은 정보, 오락 또는 교육의 목적으로 일정한 시간동안 최대한의 만족을 얻기 위해 콘텐츠를 이용하고자 하는 수용자의 측면이다.

방송 사업자들에게는 다양한 프로그램 중 특정 프로그램들을 선별하여 가능한 시간과 공간적 틀 안에 이들을 적절하게 배치함으로써 더욱 많은 시청자를 확보하려고 노력하는 장(場)이 편성이며, 이용자 시각에서는 특정 시간 또는 공간적 배치 속에 자신이 원하는 특정 프로그램이 제공되는지를 파악할 수 있는 장(場)이 편성이다(김유정, 2014). 따라서 전통적인 TV 방송에서의 편성은 사업자와 이용자 간의 상호작용을 가능하게 하는 일종의 규칙이었다(조성기, 2015). 그동안 방송 사업자는 편성의 정기성, 주기성, 체계성, 일정성 등을 통해 이러한 규칙을 설정하는 주도적인 역할을 담당해왔으나 방송과 통신이 융합되어 나타나는 온라인 및 모바일 미디어에서는 규칙 설정자로서의 역할이 축소되는 것으로 보인다.

오늘날의 시청자들에게 콘텐츠가 어떤 방식으로 그들에게 전달되는지는 그다지 중요하지 않으며, 실시간 방송과 무관한 주문형 방식의 시청이 늘어나고 있다. 전통적인 TV 사업자들은 다시보기나 주문형 방식의 콘텐츠 소비가 실시간 방송에 대한 대체재라고 생각해왔으나 시청자는 자신이 선택하여 주문형 방식으로 소비하는 개별 콘텐츠와 실시간 채널에서 제공되는 콘텐츠를 분리하지 않고 통합적으로 바라보고 수용한다(조성기, 2015).

앞서 설명한 바와 같이 국내 방송법에 따른다면 오픈 인터넷망으로 시청하는 방송 프로그램은 법적으로는 방송이 아니라고 했으나, 시청자의 시각에서는 동영상 콘텐츠의 재생이 방송 시청과 크게 다를 바 없다. 시청 중인 콘텐츠가 케이블을 통해서 전달되든, 위성이나 브로드밴드 인터넷, 와이파이 또는 모바일을 통해서 전달되는지의 여부 역시 관심사 밖이다. 최종적으로 콘텐츠 소비를 위해 어떤 하드웨어나 기기를 이용하는지도 시청자들에게는 부차적인 사안임은 말할 것도 없다.

시청자들이 바라는 것은 자신들이 원하는 콘텐츠를 시청하기 쉽게 해주는, 사용이 편리하고 통합된 시스템이다. 이는 3'원'이라는 말로도 요약할 수 있다. 즉, '원'하는 콘텐츠를 '원'하는 시간에 '원'하는 장소에서 시청하도록 해주는 것이다(Myer, 2006). '최소한의 노력'이라고 부를 수 있는 이 새로운 원칙에 맞추어 오늘날의 동영상 사업자들은 편성의 영역에 시청자들이 원하는 콘텐츠를 쉽게 찾을 수 있게 해주는 콘텐츠 검색 또는 추천 기능의 제공을 포함시키고 있다. 이를 위해서는 정확한 검색 기능과 개인별로 맞춤화된 정보가 필요하며, 그 기저에는 시청자들이 최소한의 노력으로 원하는 바를 찾을 수 있도록 해야 한다는 새로운 편성의 원칙이 자리 잡고 있다. 모바일 기기의 예를 들어보면, 하나의 앱을 이용하여 검색한 결과 추천받은 콘텐츠를 시청하기 위해 또 다른 앱이나 전혀 다른 사이트로 이동해야 한다면 이것이 비록 몇 번의 클릭에 불과하더라도 시청자들은 귀찮아서 중간에 포기할 확률이 높기 때문이다(O'Neil, 2001).

기존의 편성 전략들은 대부분 전통적인 TV 시청 환경에 최적화되어 있어서 채널 내에서 최다 시청자를 끌어 모으기 위해 가장 효과적인 프로그램 배치 방안을 모색했다. 반면, 오늘날에는 다매체 다채널화로 인해 채널 수와 콘텐츠를 시청할 수 있는 경우의 수가 너무나 많아졌기 때문에 채널 내 또는 복수 채널로 만들어진 채널 구성의 편성 전략이 예전처럼 강력한 영향력을 발휘하기 어렵다.

일반적인 유료방송 사업자는 10만 개 이상의 콘텐츠를 보유하고 있으며, 온라인 동영상 서비스 역시 이에 버금가는 많은 콘텐츠를 제공한다. 이러한 사업자가 온오프라인에 무수히 존재하는 것이 오늘날의 방송 현실이다. 따라서 다양한 기기를 통해 모바일과 온라인 동영상 콘텐츠를 자유롭게 소비하는 시대의 편성은 보유하고 있는 프로그램들을 잘 정리하고 배치하여 시청자들 스스로가 원하는 프로그램을 쉽게 찾아서 시청할 수 있도록 저장 목록과 효율적인 검색 엔진을 제시하는 것까지 포함된다.

2) 비실시간 미디어의 편성

비실시간 미디어의 대표적인 콘텐츠 소비 방식인 다시보기 또는 주문형 시청을 위해서 동영상 서비스 사업자는 사전에 미리 정해놓은 시간표에 따라 콘텐츠를 제공하는 시간적 배열이 아니라 화면상의 메뉴라는 공간적 배열을 바탕으로 여러 콘텐츠를 동시에 제시하는 편성 방식을 채택한다. 이러한 공간적 편성은 시간 차원을 주축으로 이루어지는 전통적 의미의 편성과 차별성을 띤다. 시간적 측면이 반드시 필수적인 요소가 아니며 시간 배열이나 시간표 짜기의 역할이 차지하는 비중이 적기 때문이다. 공간적 편성 역시 전통적인 TV 편성의 유산을 반영하고 있으며 편성의 기본 원칙들이 상당 부분 적용되고 있으나, 시간대의 제한은 물론, 콘텐츠 자체의 시간적 분량 제한 측면에서도 전통적인 편성에 비해 상대적으로 자유롭기 때문에 전통적인 방송 편성과는 다소 다른 방식으로 시간적 측면을 활용한다.

예를 들어, 본방송을 놓친 프로그램을 다시 볼 수 있게 해주는 TV 다시보기(catch-up) 서비스는 실시간 방송채널에서 방송된 콘텐츠를 보통 일주일 이내에 다시 볼 수 있도록 제공함으로써, 해당 프로그램의 누적 시청자를 늘릴 수 있다. 시간적 측면을 좀 더 공격적으로 활용하는 전략은 적게는 한 시즌부터 많게는 전 시리즈의 모든 에피소드를 한꺼번에 시청할 수 있도록 대량 방송, 대량 편성하는 것이다. 이러한 편성전략은 2013년 넷플릭스에서 자체 제작한 드라마 〈하우스 오브 카드〉 시즌 1의 전체 에피소드 13편을 일시에 모두 공개하면서 본격적으로 도입되었다.

대량 방출 전략은 몰아보기(binge watching)라는 새로운 시청 형태를 낳기도 했는데 이는 폭식이나 폭음을 의미하는 binge라는 단어가 의미하는 것처럼 2편 이상의 에피소드를 한 번에 몰아서 시청하는 것이다. 이처럼 시즌 전체 에피소드를 일시에 공개하는 편성 방식은 며칠 또는 몇 주 동안의 기다림 없이 전체 스토리를 한 번에 모두 볼 수 있게 해준다는 점에서 시청 경험을 극대화할 수 있으며 콘텐츠를 단번에 흥행시킬 수도 있다는 장점이 있다.

다시보기와 대량 방출 편성 전략은 편성에서 불변의 진리처럼 생각되어 오던 1주일 단위 신규 에피소드 편성 방식을 본격적으로 무너뜨린 계기가 되었으나(김유정, 2014), 전통적인 방식으로 매주 일정한 날짜와 시간에 새로운 에피소드를 업데이트해 공개하는 방식도 여전히 주문형 서비스에서 활용되고 있다. 이 방식은 리프레시(refresh)라는 용어로도 불리며, 시청자들이 서비스에 지속적으로 흥미를 가질 수 있도록 일간이나 주간, 또는 월간 단위로 새로운 콘텐츠를 제공하면서 편성을 업데이트한다. 그리고 전통적인 편성과 비슷하게 소비자에게 일종의 시청 습관을 형성시켜주는 역할을 하기도 한다(조성기, 2015).

좀 더 전통적인 방송 편성과 유사한 소구 대상별 이용 또는 생활시간대를 고려한 시간대별 편성(dayparting) 업데이트나 추천 방식도 있다. 가령, 오전 시간에는 주부들을 대상으로 하여 특정 배우 중심의 영화 편성이나 TV 드라마 다시보기 인기작을 추천하고, 오후에는 학교에서 돌아오는 어린이 인구를 고려하여 어린이 콘텐츠를 추가한다. 저녁에는 청소년 및 성인 남성도 시청이 가능하므로 온 가족이 함께 볼 수 있는 영화나 해외 드라마 시리즈를 추천하거나 업데이트하는 것이다(조성기, 2015). 특히 온라인 동영상 서비스의 경우에는 콘텐츠 장르의 특성에 따라 특정 요일이나 시간대에 새로운 에피소드를 올리는 방식을 주로 채택하고 있다. 이는 리프레시와 시간대별 편성의 혼합이라고도 할 수 있다. 전통적인 텔레비전 방송 편성 전략에서의 스턴트 편성처럼 경쟁사가 예상하지 못했던 갑작스런 신규 콘텐츠 편성 역시 온라인 및 모바일 동영상 서비스에서 종종 사용되는 편성 전략이다. 인지도가 높은 인기 드라마 시리즈 여러 편을 독점 수급하여 시즌 특집으로 편성하는 방법은 블록버스터 편성과도 일맥상통한다고 할 수 있다.

그러나 비선형 미디어에서는 과거 선형 방송 시절에 비해 편성에서 시간 측면의 중요성은 현저히 줄어든다. 반면, 웹사이트나 모바일 동영상 서비스 화면에서 프로그램이 차지하는 공간적 위치와 프로그램 선택의 편의성, 또는 긍정적인 사용자 경험(User Experience: UX)21)의 제공이 중요한 역할을 하게 된다. 특히 온라인 및 모바일 서비스의 메뉴 구성은 전체 콘텐츠 중에서 고객이 원하는 것을 쉽고 정확하게 찾아낼 수 있도록 화면 공간을 구조화하고 배열하는 공간적 편성 방식이 핵심이다. 공간적 편성은 시청자가 들여다보는 화면상에서 메뉴를 어떻게 조합하여 구성하는가에 따라 콘텐츠 제시 방법이 거의 무한에 가깝다는 점에서 단순한 시간적 배열의 한계를 넘어서

---

21) 사용자 경험 또는 이용자 경험은 사용자가 어떤 대상과 상호작용(경험)하는 데서 얻어지는 생각, 느낌, 인식 및 총체적 상호작용 그 자체를 말한다(Tullis & Albert, 2013: 5). 다시 말하면, 어떤 제품이나 서비스를 이용하면서 생겨나는 그 제품이나 서비스에 대한 느낌, 생각 등을 포괄하는 경험을 지칭한다.

는 진화한 형태라고 할 수 있다(조성기, 2015).

공간적 편성에는 시청자가 수많은 콘텐츠들 가운데서 원하는 프로그램을 찾기 쉽게 하는 한편, 해당 시청자가 가장 흥미를 느낄 만한 새로운 프로그램을 추천할 수 있도록 해주는 메뉴 및 화면 구성 방식들이 포함된다. 가령, 순서 정렬(ordering)은 전통적인 텔레비전에서 주기적으로 편성 개편을 수행하면서 프로그램의 시간적 위치를 바꾸는 것과 일맥상통하는 것으로서, 프로그램의 선택을 위한 공간 즉, 화면상의 위치와 메뉴상에서 콘텐츠들의 순서를 새로 정하거나 변경하는 작업이다. 이는 컴퓨터나 스마트폰은 위아래로 화면 이동이 가능하다는 기술적 특징을 반영한 것으로서, 추천이나 인기 순위가 높은 콘텐츠를 제일 위쪽으로 위치시키거나 최근 업데이트 순서대로 콘텐츠를 배열하는 것이다(조성기, 2015). 이때 화면 구성이나 메뉴를 복잡하게 만들면 세부 장르로의 접근 가능성은 높아질 수 있으나 선택 과정이 복잡해져서 시청자의 피로도가 높아질 수 있으며 첫 화면에서 강조하는 주요 프로그램에 대한 주목도가 떨어질 수 있으므로 적절한 수의 메뉴를 만들어내는 것 역시 공간 편성의 영역이라 할 수 있다.

새로운 편성 방식 중에는 시간이든 공간이든 콘텐츠의 배열이 아니라 시청 대상에 직접 초점을 맞추는 포인트 캐스팅(point casting) 편성도 있다. 우리말로는 점송(點送)이라고도 부를 수 있는 포인트 캐스팅은 불특정 다수에 도달하는 것을 목적으로 하는 것이 아니라 특정 관심사를 공유하는 소수의 마니아층을 대상으로 프로그램을 편성하는 것이다. 이는 인터넷 기반 서비스의 상호작용성을 활용한 것으로, 개인의 요구와 필요에 맞춘 개별 전송(personal-casting)이 기술적으로 가능해졌기 때문에 현실화된, 진화된 형태의 편성이라고 할 수 있을 것이다(조성기, 2015).

3) 콘텐츠 큐레이션(content curation)

소수의 채널만 시청 가능하던 전통적인 텔레비전에서의 편성과 달리 온라인 및 모바일 시대의 편성에서는 프로그램 선택의 용이성, 화면 즉, 공간상의 배열 역시 중요한 요소가 되는 것은 앞에서 말한 바 있다. 여기에서 한 단계 더 나아가 비실시간 플랫폼에서는 어떻게 하면 시청자들이 수많은 콘텐츠들 중에서 원하는 것, 또는 본인들이 미처 인지하지 못하고 있으나 즐겨 시청할 만한 것들을 좀 더 편리하게 선택해 이용할 수 있도록 하는지에 초점을 맞춘 메뉴의 구성과 큐레이션의 영역까지 편성의 범위가 확대되고 있다.

다양한 콘텐츠를 단순히 콘텐츠 자체의 특성, 가령 장르별이나 주제별로 구분하여 제시하는 것에서 한 단계 더 나아가 특정 기준에 따라 평가하고 맥락이나 시간 순서, 사건, 그 순간 개인의 정서 등에 따라 콘텐츠의 가중치를 결정하여 제공한다는 점에서 큐레이션은 새로운 가치를 만들어내는 추천 방식이라고 할 수 있다(최홍규, 2015). 이러한 큐레이션의 핵심은 고객이 아는 것을 기초로 하여 모르는 것, 새로운 것에 관심을 가질 수 있도록 한다는 점이다. 그러나 큐레이션 역시 적시성, 이용 패턴의 적합성 등을 고려하여 수행해야 한다는 점에서는 편성의 기본 원칙에서 크게 벗어나지 않는다고 할 수 있다.

큐레이션에는 특정 주제별 큐레이션뿐만 아니라 최신작이나 인기작과 같이 특정 기준(업데이트 순, 매출 순)에 따른 고정적인 분류들도 포함된다. 큐레이션이 제대로 이루어지기 위해서는 각 시청자들의 콘텐츠 소비 행태를 파악할 수 있는 데이터의 확보가 전제되어야 한다. 이 때문에 큐레이션 편성은 단순한 편성 자체로 끝나는 것이 아니라 편성의 결과, 즉 실제 시청 행태를 모니터할 수 있는 인프라 역시 필수적으로 요구된다. 그 결과 융합 플랫폼에서의 편성은 이러한 큐레이션과 큐레이션을 가능하게 하는 데이터 수집 및

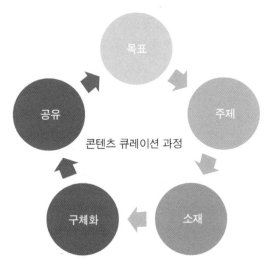

자료: http://www.bethkanter.org/content-curation-101

분석 인프라까지 확장될 수밖에 없다.

수용자는 전통적 미디어 환경으로부터 웹과 모바일 환경을 거치며 적극적으로 미디어를 이용하는 주체로 거듭났다. 이용자는 더 이상 미디어를 단순히 생산자가 제공하는 대로 수용만 하는 것이 아니다. 생산과 소비를 동시에 수행하는 프로슈머(prosumer)로서의 역할도 해낸다.

최근에는 이용자들 사이에서도 자신이 원하는 정보로 이루어진 콘텐츠를 특정한 주제나 내용들로 엮어서 구분하는 콘텐츠 큐레이터들이 등장하고 있다. 콘텐츠 큐레이터들은 수많은 정보 중에서 특정 주제나 관심사에 따라 콘텐츠를 선별하여 수집 혹은 이용한다.

정보 제공자 관점에서 큐레이션을 바라보면 정보 제공자가 여전히 이용자가 선호할 만한 콘텐츠를 선택하여 일방적으로 제공한다는 점에서 콘텐츠 큐레이션 서비스의 주체는 정보 제공자인 듯 보인다. 그러나 이용자의 과거 콘텐츠 이용 특성(이용량, 좋아요, 추천 및 공유, 내 목록에 담기 등)이 콘텐츠 선별의 기준이 된다는 점에서 큐레이션의 핵심 동력은 이용자라고도 볼 수 있다.

미디어 환경에서 프로슈머가 콘텐츠의 소비와 생산에 초점을 맞춘 용어라면, 큐레이터는 콘텐츠가 모이고 조합되는 플랫폼의 디자인에 초점이 맞춰진 용어이다.

콘텐츠 큐레이션은 〈그림 3-4〉과 같이 목표 설정, 주제 선정, 소재 취합, 감각 생산의 구체화 공유 등의 과정을 통해 이루어진다.

4) 온라인 동영상 서비스와 MCN의 편성 사례

시간과 장소를 불문하고 콘텐츠 시청이 가능한 다양한 매체와 기기의 확산으로 인해 오늘날에는 편성의 외연이 확장되고 있으며, 편성의 개념, 방식, 전략의 전 분야에서 변화가 일어나고 있다(김유정, 2014). 최대한 많은 시청자를 끌어오기 위해 시청자들의 생활 시간대에 맞춰 특정 시간에 전략적으로 콘텐츠를 제공하던 협의의 편성 개념, 즉 시간표 짜기의 편성 개념이 점차 퇴색하고 있다는 것은 앞에서 얘기한 바 있다. 그러나 이와 동시에 새로운 형태의 동영상 서비스들은 이용자들의 선호를 최대한 반영하고 접점을 넓히는 새로운 편성 방식과 전략들을 소개하면서 편성의 진화를 선도하고 있다.

서비스 제공자로부터 시청자에게 일방향적으로 방송이 전송되며 TV 수상기를 단말로 활용하는 전통적인 방송 동영상 유통에 비해 인터넷 또는 모바일 동영상 서비스는 맞춤형·개인형 소비에 훨씬 더 적합한 콘텐츠 제시 방식을 채택하고 있다. 이는 개별 시청자와 동영상 소비 행태에 관한 데이터의 실시간 수집, 축적 및 이용이 가능해지고 있기 때문이다. 넷플릭스의 '시네

매치(Cinematch)'나 애플이 아이튠즈에서 활용 중인 '지니어스(Genius)' 같은 추천 시스템은 모두 이용자들의 서비스 이용 정보에 기초한 알고리즘을 가지고 이용자의 빅데이터를 활용하고 있다(조성기, 2015). 시청자 빅데이터는 영상 콘텐츠의 기획, 제작, 편성 과정에서도 적극 활용될 수 있다. 가령 넷플릭스의 〈하우스 오브 카드〉는 빅데이터를 분석한 결과를 오리지널 콘텐츠 제작 결정에 반영한 첫 번째 사례로 알려져 있다(조영신, 2014).

온오프라인에서 시청 가능한 콘텐츠가 거의 무한대로 늘어나고 있는 상황에서 개인들이 혼자 힘으로 일일이 동영상 콘텐츠 목록들을 검색, 확인하고 원하는 것을 찾아내는 일은 단순한 작업이 아니다. 이에 따라 양질의 동영상 콘텐츠와 그것을 원할 수도 있지만 쉽게 찾지 못하는 사용자를 찾아내어 그들 사이를 연결해주는 작업이 점점 중요성을 띠게 된다. 즉, 어떤 콘텐츠가 잠재적 수요자들에게 잘 도달할 수 있도록 다양한 정보를 활용한 일종의 주문 및 배달 노하우와 기술 개선이 필요하며 이러한 행위들이 광의의 편성 영역에 편입되고 있다.

화면 공간의 구조화 외에 모바일 및 온라인 동영상 서비스의 편성은 주로 두 가지 요소 즉, 추천과 검색으로 집중된다. 추천은 편성 담당자 또는 시스템이 시청자에게 볼 만한 것을 권유하는 것이고, 검색은 시청자 스스로가 자신이 원하는 것을 찾아내는 방식이다. 대개의 경우 추천과 검색 중 하나의 방식만을 제공하는 것이 아니라 두 가지 요소를 병합하여 메뉴를 구성한다.

실제로 인터넷 동영상 서비스의 가장 대표적인 사례라고 할 수 있는 미국의 넷플릭스와 국내 서비스 티빙의 초기화면은 사업자가 만들어낸 알고리즘을 바탕으로 하는 추천과 개인화가 적절히 반영된 새로운 형태의 편성이 형상화되어 있다.

먼저 넷플릭스의 경우 화면의 제일 상단에 이용자가 최근에 시청했던 콘텐츠들을 보여주는 한편, 이를 바탕으로 이용자의 취향에 맞을 만한 콘텐츠들을 아무개가 '가장 좋아할 만한 프로그램(Top picks for)'이라는 제목으로 추천해준다. 화면을 더 내리면 그 아래로는 일반적으로 가장 인기 있는 장르 순서대로 각 장르에서 이용자와 비슷한 취향을 가진 사람들이 해당 장르에서 시청한 프로그램들을 추천한다.[22] 이와 동시에 상단 검색 창에서는 보다 능동적으로 이용자가 직접 원하는 프로그램을 검색할 수 있는 옵션을 제공한다. 시스템에 저장되어 있는 이용자의 기존 취향과 다른 새로운 분야의 콘텐츠를 이용하고 싶거나 특정 콘텐츠를 빨리 찾아내기 위해서는 검색이 더욱 효율적인 방법이 될 수 있다.

국내 서비스인 티빙의 경우 넷플릭스처럼 개인 맞춤형으로 추천 콘텐츠가 제시되지는 않지만, 가장 인기 있는 텔레비전 프로그램들의 동영상 클립들을 제일 상단에 제시하고 다음으로는 일종의 추천 개념으로 티빙에서 가장 인기 있는 콘텐츠들을 제시한다. 물론 상단에 개인이 원하는 콘텐츠를 직접 찾아볼 수 있는 검색창을 제공하는 것은 넷플릭스와 마찬가지이다.[23]

한편, 거대 미디어 기업인 넷플릭스나 티빙에서 제공하는 콘텐츠들은 전문 제작자들이 만들어내는 고품질 콘텐츠가 주류를 이루고 있는 반면, 다이아TV나 트레져헌터와 같은 MCN(Multi Channel Network)[24] 사업자들은 파트너라는 이름하에 유명 일인 창작자(일명 크리에이터)들이 제작하는 콘텐츠들을 제공한다. 일인 창작자들의 콘텐츠는 대체로 길이가 짧고 그 대상 시청자

---

22) 넷플릭스 홈페이지(https://www.netflix.com) 참조.
23) 티빙 홈페이지(http://www.tving.com) 참조.
24) 멀티 채널 네트워크 또는 다중 채널 네트워크는 유튜브에서 파생된 단어로, 인기 1인 방송 채널들을 관리하는 일종의 소속사 내지는 기획사로, 유튜브 인기 크리에이터들의 프로모션, 프로그램 기획, 저작권 관리, 수익 창출과 판매 등을 지원한다. 원래는 유튜브에 한정된 용어였으나 국내에서 인터넷이나 모바일 플랫폼상의 인기 1인 창작자들을 관리하는 다이아TV, 트레져헌터, 샌드박스 네트워크 등을 지칭할 때도 MCN이라는 용어를 사용한다.

나 주제가 매우 명확하다는 특징을 지니기 때문에 MCN 사업자들은 인기도를 기준으로 결정되는 추천 비디오와, 각 파트너들의 최근 비디오를 보여주는 파트너 비디오 섹션을 나누어서 운영한다.[25] 후자의 경우 이용자가 원하는 크리에이터를 선택하면 해당 크리에이터가 제작한 과거의 동영상들까지 찾아서 볼 수 있는 방식이다.

3. 편성의 종말인가, 진화인가?

1) 편성의 범위 확대와 재정의

채널 내 시간적 배열인지 효율적인 다채널 구성인지의 여부를 넘어서 수용자의 취향에 부합하는 콘텐츠를 가능한 많은 시청자가 볼 수 있는 방식으로 제공한다는 면에서 본다면 지상파 방송이나 융합 플랫폼상 동영상 서비스의 편성은 같은 목표를 가진다. 최적의 시간 또는 공간(화면상의 위치)에서 최적의 방식으로 프로그램이 공급되도록 한다는 편성의 기본 원칙이 이들에게 공통적으로 적용되기 때문이다.

그러나 채널을 돌리면 늘 사전에 정해진 프로그램들이 계속해서 방영되고 있는 실시간 서비스와 달리, 대부분의 온라인 또는 모바일 콘텐츠 서비스는 비실시간 주문형 서비스 형태를 취하고 있다. 비실시간 서비스에서는 동일한 콘텐츠라 할지라도 개별 소비자가 각자의 상황에 따라 서로 다른 맥락에서 시청한다는 특징이 있다. 또한 콘텐츠가 파일 형태로 서버에 보관되어 있다가 사용자가 요구하면 실시간 스트리밍 또는 다운로드 방식을 통해 제

---

25) 다이아TV 파트너 비디오 섹션(http://diatv.com/video/partner) 참조.

공되기 때문에 편성에서 핵심적인 시간 개념에서 어느 정도 탈피할 수 있다. 더 나아가 시청자가 원하는 대로 영상의 느린 재생이나 일시 정지, 보고 싶은 장면의 반복 재생, 불필요한 광고의 삭제 또는 앞으로 빠르게 돌리기 등도 자유자재로 할 수 있다. 즉, 시청각 콘텐츠 이용에 있어서 시간적 제약에서 자유로워진다는 시간적 선택성과 본인의 취향에 맞는 것만 골라서 자유자재로 볼 수 있다는 취향의 선택성이 모두 증대되며, 그 결과 자기만을 위한 독특한 방송 채널을 보유하게 되는 것과 같은 효과가 나타난다(김유정, 2014).

시청자들이 볼 수 있는 채널이 수백 개로 늘어나고 인터넷과 모바일 기기를 통해서 채널에 구애받지 않고 프로그램 전체 또는 클립 단위로 시청할 수 있는 동영상 콘텐츠가 무궁무진한 현재의 매체 환경에서는 소수 채널만을 시청할 수 있던 시대에 영향력을 발휘하던 편성이 더 이상 쓸모없는 개념이라고 생각하기 쉽다. 시청자는 시간과 공간의 제약 없이 원하는 시간에 원하는 콘텐츠를 선택하여 볼 수 있기 때문에 프로그램의 방송 시간을 정한다는 협의의 편성 개념 자체는 근본적으로 위협받고 있는 것이 사실이다.

그럼에도 편성이 단순한 프로그램 배열 차원을 넘어서 좀 더 많은 시청자에게 어필할 수 있도록 프로그램을 선정, 기획하고 구성, 배열하며 그 성과에 대한 평가까지 포함하는 개념이라고 한다면 융합 플랫폼의 콘텐츠 제공에서도 편성의 중요성을 간과할 수 없다. 또한 융합 플랫폼에서도 시간적 및 공간적 배열 측면이 강조된 다양한 편성 전략이 여전히 활용되고 있음은 이미 앞에서도 얘기한 바 있다.

시청자의 능동적인 선택에 따른 동영상 콘텐츠 시청이 늘어나면서 오늘날 대부분의 시청자는 자기의 관심과 취미에 가장 적합한 프로그램을 본인의 스케줄에 맞춰 시청하며 과거 편성 담당자가 해왔던 역할을 스스로 수행하고 있다. 이러한 방송 환경에서 콘텐츠를 제공하는 측에 있는 편성 담당자의 역할은 시청자의 선택 가능성을 높이기 위해 시청자의 관심사와 특징을

세분화하여 분석하고 이들의 시청 경험이 가장 쾌적하고 편안하게 이루어질
수 있도록 하는 다양한 전략과 수용자 경험을 제공하는 것까지 포함하도록
진화·확장되고 있다고 볼 수 있다.

2) 실시간 편성의 부활

시청자들의 모든 시청각 콘텐츠 시청 행위가 반드시 능동적이고 계획적
인 것은 아니기 때문에 여전히 협의의 편성이 필요한 순간도 존재한다. 소파
에 앉아 감자 칩을 먹으면서 느긋하고 수동적으로 즐기는 텔레비전 시청방
식을 일컫는 카우치 포테이토(couch potato)는 앞으로도 우리들 일상 속에 여
전히 존재할 것이다. 이용자 차원의 능동성, 상호작용성을 강조하는 새로운
시청 방식이 등장하더라도 이러한 수동적 시청을 필요로 하는 순간이 공존
할 것이기 때문에 시간적 배열의 편성 행위 여전히 다양한 시청각 콘텐츠 서
비스에서 활용될 것이다.

4차 산업혁명 시대가 본격화되면 동영상을 소비할 수 있는 시간 자체가
늘어나며 실시간 채널에 대한 수요도 증가할 가능성이 있다. 여가 시간이 얼
마나 늘어날지에 대한 정확한 예측은 어렵지만 4차 산업혁명으로 인해 생산
과정의 자동화, 지능화가 확산되면 노동 시간이 단축될 가능성이 높다. 노동
시간의 단축은 반대로 오락을 포함한 여가 시간의 증가를 의미하므로, 시청
각 콘텐츠를 소비할 수 있는 시간 규모 자체가 지금보다 커질 가능성도 있
다. 이와 동시에 자동화, 지능화의 결과로 새로운 시청각 콘텐츠 소비 영역
이 나타날 것이다. 예를 들어 자율주행 자동차의 운전 중에 운전자가 비디오
를 시청하거나, 스마트 공장의 관리자들이 자동화된 시스템을 모니터링하는
대기시간을 동영상 시청으로 채울 수도 있다. 이 경우 매번 검색을 필요로
하는 주문형 콘텐츠 시청보다는 실시간 동영상 채널을 백그라운드 노이즈처

럼 틀어놓을 가능성도 있다(곽동균, 2017).

　시청각 콘텐츠 소비와 관련된 근본적인 수동성을 인식하면서 최근에는 주문형 서비스로 점철되던 융합 플랫폼에서도 실시간 시청(live streaming)을 활용한 편성이 증가하고 있다. 유튜브의 실시간 채널도 매년 증가하고 있으며, 페이스북이나 트위터를 이용한 실시간 방송의 영상 공유도 계속 늘어나고 있어 향후 실시간 방송의 비중은 더욱 커질 것으로 예상된다. 국내뿐만 아니라 해외에서도 이미 인기 온라인 동영상 서비스에서 실시간 채널을 바탕으로, 이를 주문형과 연계시킨 통합 서비스가 지속적으로 시도되고 있다. 실시간 채널의 시청 중에 단축(short-cut) 메뉴를 제공하여 지난 에피소드를 주문형 콘텐츠로 볼 수 있도록 하거나, 관련 콘텐츠를 추천하는 서비스 등, 온라인상에서 실시간 편성과 주문형 서비스가 다양하게 결합된 하이브리드 서비스가 꾸준히 등장하고 있다(Dixon, 2015).

　가령, 소니사가 운영하는 소니크래클은 'TV처럼 항상 프로그램이 방영되고 있다(Just like TV, It's always on)'라는 슬로건을 내걸고 미리 정해진 방영 스케줄에 따라 프로그램들을 전통적 방식으로 실시간 편성하고 있다.[26] 이때 화면에서 재생되는 동영상은 전통적인 텔레비전 채널과 같이 정해진 편성표에 따라 계속해서 방송되고 있으나, 만약 시청자가 원한다면 그 프로그램의 다시보기나 다른 동영상의 선택 시청이 가능하도록 하는 하이브리드 형태의 편성을 제공한다.

　더 나아가 전통적인 TV 방송과 거의 동일하게 복수의 오프라인 실시간 채널을 모바일과 온라인으로 제공하는 사례도 증가하고 있다. 국내에서는 이미 티빙, 에브리온과 같은 모바일 및 온라인 동영상 서비스에서 유료방송의 실시간 채널들을 오픈 인터넷으로 재전송하여 실시간 텔레비전 방송처

---

26) 크래클 홈페이지(https://www.crackle.com) 참조.

럼 시청할 수 있도록 하고 있다. 미국의 플루토 TV는 저작권 문제를 해결한 콘텐츠들을 위주로 70여 개의 실시간 채널을 편성하여 온라인상에서 무료로 제공하고 있으며, 미국뿐만 아니라 전 세계에서 시청이 가능하도록 하고 있다.[27]

심지어 융합 플랫폼의 가장 대표 주자로서 이용자 제작 콘텐츠(UGC)와 1인 창작자들의 주요 활동 무대였던 유튜브 역시 2017년부터 '유튜브 TV'라는 이름으로 월 35달러(약 3만 9000원)의 가격에 오프라인 실시간 채널들을 온라인으로 제공하는 서비스를 출시했다.[28] 2017년 8월 현재 유튜브 TV는 뉴욕, 시카고, LA를 포함하는 29개 대도시 지역에서 이용할 수 있으며, 서비스 제공 지역을 넓혀나갈 예정이다. 실시간 시청 중 원하는 프로그램은 구글 클라우드 스토리지에 저장할 수 있으며, 유튜브 레드의 오리지널 프로그램도 무료로 시청할 수 있도록 하고 있다. 현재 제공되는 채널은 미국의 5대 지상파 네트워크 채널, ESPN을 포함하는 16개 스포츠 채널 및 2개의 프리미엄 유료 스포츠 채널, AMC, Bravo, USA 등 20개의 인기 예능 오락 채널, 디즈니를 포함하는 4개 어린이 채널과 6개 뉴스 채널, 2개의 스페인어 채널이다. 가입자들은 휴대폰과 태블릿 PC는 물론, 컴퓨터와 스마트TV 또는 구글 크롬캐스트와 연결된 텔레비전 수상기를 통해서도 유튜브TV 시청이 가능하다.

이러한 서비스들의 증가는 값비싼 유료방송 서비스에 가입하지 않은 잠재적 시청자들을 겨냥한 것이기도 하지만 실시간 방송이 여전히 시청각 콘텐츠 시청의 많은 부분을 차지할 것이라는 믿음에서 비롯된 것으로 볼 수 있다.

---

27) 플루토TV 홈페이지(http://corporate.pluto.tv/) 참조. 단, 국가 간 저작권 문제로 인해 일부 콘텐츠는 블록처리 되기도 한다.

28) 유튜브TV 홈페이지(https://tv.youtube.com) 참조.

3) 진화하는 편성

편성의 종말이라는 이야기는 내가 지상파 방송사에서 밥벌이를 시작한 10
여 년 전부터 계속 이어져 왔다. 그런데 현장에서 편성의 중요성은 점점 커지고
있다는 느낌이다. 왜일까?(오형일, 2016: 10)

채널 내 시간대 배열을 의미하는 협의의 편성은 한정된 시간 내에서 제한
된 수의 프로그램이 공급되던 상황에 적합한 개념일 수 있다(김유정, 2014).
다매체 다채널 환경 또는 이용자의 선택에 따른 시청이 이루어지는 융합 플
랫폼의 주문형 서비스에서는 이러한 편성 개념을 그대로 적용하는 데 한계
가 있다.

한진만 등(한진만·심미선·강명현 외, 2006: 22)은 협의의 편성 개념을 넘어서
다채널 시대에 광의의 방송 편성을 프로그램 기획, 제작, 구매, 판매까지의
전 과정으로 협의와 광의의 편성 개념도를 제시한 바 있다. 앞에서 소개한
바 있으나 최근 시청각 콘텐츠 제공 방식 중 하나는 이전처럼 불특정 다수를
대상으로 하는 방송(broadcasting)이 아니라 소수의 개인들을 타깃으로 하는
포인트 캐스팅(point casting) 또는 점송(點送)이다. 이는 대중보다 적은 규모
의 특정 시청집단을 공략하는 협송(narrow casting)에 비해서도 한층 더 특화
된 개념이라고 할 수 있다. 포인트 캐스팅에서처럼 방송의 도달 목표가 소수
가 되어가면 더 이상 불특정 다수를 대상으로 프로그램을 전략적으로 배열
하는 것은 적절하지 않을 것이다.

일부에서는 방송사가 수입을 올리고, 시청률을 높이고, 이용자들의 노출
을 높이기 위한 수단으로 다양한 편성 전략을 도입하여 전략적으로 프로그
램을 배치하고 노출을 강요하던 방식에서 벗어나 시청자들이 이용할 수 있
는 검색 프로그램과 추천 알고리듬을 제공하는 비교적 단순화된 차원으로

변화하고 있다는 점을 편성의 종말로 간주한다.

협의의 편성은 시청자들이 프로그램을 편리하게 이용할 수 있도록 일반적인 시청자들의 하루 일과에 맞춰서 프로그램을 배열하는 일이다. 이 때문에 전통적인 방송은 개별 콘텐츠보다는 하나의 '흐름(flow)'으로 이해되곤 했다. 편성은 여러 프로그램을 잘 정돈하여 하나의 자연스러운 흐름을 만들어내는 행위이며, 방송은 그러한 흐름의 물결을 타고 끊임없이 이야기들을 내보내며(배진아, 2016) 시청자들은 자신이 편리한 시간에 그 흐름 속으로 출입을 반복하는 것으로 해석되었던 것이다.

문제는 이처럼 흐름이 주축이 되는 방송의 의미가 약해지고 있다는 점이다. 시청자들이 편성 담당자들이 작성한 프로그램 시간표에 맞추어 시청하지 않고 스스로 편성의 주체가 될 수 있는 시대가 도래했다. 이에 따라 시청자들의 취향을 만들어내고 시청 패턴을 형성하는 편성 담당자의 역할은 축소될 수밖에 없다. 시청자들이 시간과 공간의 구속에서 벗어나 자유롭게 방송 프로그램을 이용할 수 있는 환경에서, 편성과 관련된 '선택'과 '배열'의 권한은 시청자에게로 점차 이동하고 있다. 이로 인해 편성의 소멸, 편성 부서의 폐지 등을 의미하는 편성 무용론까지 등장하고 있는 것이다(한진만·심미선·강명현 외, 2006). 특히 국내 방송법은 협의의 편성 개념을 명문화하고 있어서 시간적 배열을 넘어서는 광의의 편성이 인정되지 않고 있는 상황이다.29)

---

29) 이 시각에서는 채널 편성을 인정하게 되면 방송법상의 편성이라는 개념이 '프로그램 차원'의 편성과 '채널 차원'의 편성이라는 두 가지 계위를 갖게 되어 법 규정 집행의 혼란을 야기할 수 있다고 판단한다. 현행 방송법령에서는 채널의 구성과 운용에 관한 별도의 규정이 시행되고 있으므로, 설사 현실적으로는 채널 차원에서도 편성 행위가 이루어진다고 인정하더라도 규제 일관성 측면에서도 뚜렷한 실익이 없다고 본다. 더 나아가 다채널 유료방송 사업자의 채널 편성권을 인정하게 되면, 방송법 제4조(방송 편성의 자유와 독립)에 의거하여 유료방송 사업자의 [채널] 편성의 자유까지도 인정해야 한다는 논리를

그러나 편성을 단지 시간에 따른 프로그램의 배열로만 치부하는 것은 편성의 근본 역할과 영역을 과소평가하는 것이다. 심지어 협의의 편성에서조차 하나의 프로그램을 편성표 어디에 놓을지를 결정하기 위해서는 매우 광범위하고 복잡한 분석과 조율, 판단의 과정이 필요하다. 프로그램 속성과 대상 시청자 분석, 관련 부서 간의 이해관계 조율, 그밖에 방송사의 이미지와 경영상의 문제 등 방송사 안팎의 다양한 요소를 고루 감안해 편성 행위가 이루어진다(한진만·심미선·강명현 외, 2006). 이런 측면에서 본다면 예전의 방송 환경에서도 편성은 이미 방송사 내에서 광범위한 업무 영역을 총칭하는 것이었다.

융합 플랫폼 시대의 방송 환경에서는 프로그램 포맷, 플랫폼, 이용자들의 시청 행태와 욕구, 이용 방식 등 편성에서 고려해야 할 것이 더욱 더 다양해지고 많아지고 있다. 그러므로 편성의 범위와 영역은 더욱 확장될 수밖에 없다. 콘텐츠를 아무리 잘 만들고 특종을 취재하더라도 방송과 통신의 융합, 인터넷과 디지털 기술의 발전으로 도래한 무한 경쟁의 시대에는 콘텐츠가 목표로 하는 시청자에게 전달하는 일이 쉽지 않다. 따라서 비록 편성의 외연, 즉 구현 방식은 달라질 수 있으나 공급자와 시청자를 매개하며 시청자에게 최적의 콘텐츠를 최적의 방식으로 전달하는 것을 목표로 하는 편성의 중요성 자체는 오히려 더 커질 수밖에 없다(배진아, 2016).

편성의 변화에 관해 논하면서 배진아(2016: 9)는 기존의 편성 개념과 대비시키면서 미래의 편성에 대하여 다음과 같이 정리했다. 우선, 전통적인 편성이 채널 내에서 프로그램을 효율적으로 배열하여 채널 전체의 시청률을 높

제시할 수 있어서 현행 법령에서 공익적 목적을 위해 의무 재전송하도록 하는 채널들이 없어질 우려도 있는 한편, 편성의 자유 보장 논거가 채널 사업자에 대한 유료방송 플랫폼 사업자의 지배력을 강화시키는 논리로 악용될 소지도 있다고 본다(남윤미·주성희·성욱제 외, 2011).

〈그림 3-5〉 편성의 의미와 영역 변화

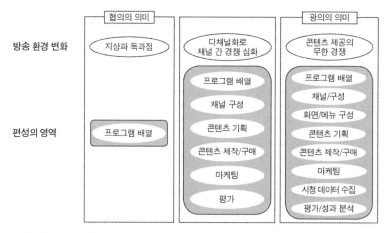

자료: 한진만·심미선·강명현 외(2006), 22쪽의 도표를 수정.

이기 위한 것이라면, 미래의 편성은 단일 채널이 아니라 다양한 플랫폼을 활용하여 콘텐츠 별로 지향하는 시청자 집단의 최대 다수에 도달하는 것이다. 둘째, 과거의 편성이 시청자의 생활 시간대와 조화를 이루는 편성 전략을 활용했다면, 미래의 편성은 시청자들의 다양한 미디어와 플랫폼 이용행태까지 고려한 편성 전략을 구사한다. 셋째, 기존의 편성이 프로그램의 사전적 배열을 통해 시청자들의 입·출입과 흐름을 통제함으로써 규칙적인 시청 습관을 형성하도록 하는 것이었다면, 미래의 편성은 시청자들에게 보다 적극적으로 다가가 흐름과 무관한 개별 콘텐츠의 시청을 이끌어내는 것까지 포함한다. 이를 종합하면 진화, 확장하고 있는 편성의 모습은 〈그림 3-5〉와 같이 정리될 수 있을 것이다.

시청자에게 최적의 방식으로 콘텐츠를 전달함으로써 해당 콘텐츠에 대한 최대 다수의 시청자를 끌어내는 것이 편성의 역할이라면 융합 멀티 플랫폼 시대의 도래가 결코 편성의 종말을 의미하지 않는다. 플랫폼의 다변화와 시청행태의 변화와 함께 편성의 범위는 이전보다 훨씬 커지고, 편성의 역할과 기능은 더욱 확장되고 있기 때문이다. 그 결과 콘텐츠 사업자를 대신하여 능동적인 편성 주체가 될 것으로 예측되던 시청자들은 여전히 진화되고 변모한 편성 전략의 틀 안에서 콘텐츠를 선택하고 이용하고 있으며, 앞으로도 당분간 이러한 콘텐츠 소비는 계속될 것이다(배진아, 2016: 9).

이러한 시각에서 볼 때 현재 국내 방송법령의 편성 개념은 단일 채널 내 프로그램의 시간적 배열이라는 가장 좁은 의미만을 채택하고 있어서 매체 환경 변화에 따라 고도화, 전문화되고 있는 편성의 영역을 포괄하는 데 한계가 있다. 법령의 변화는 언제나 사회 현실의 변화보다 한 걸음 늦게 갈 수밖에 없겠으나 확장된 편성의 영역과 개념이 이미 보편화되고 있는 상황에서 방송 환경의 변화를 반영하는 보다 광범위한 편성의 정의와 범위를 수용할 시점이라 생각된다.

4장

이용 성과 측정의 진화

이 장에서는 미디어 이용 성과에 관한 측정 내용이 어떻게 변화해왔고 향후 어떻게 변화할지를 다룬다. 이를 위해 우선, 미디어 이용자 개념을 다뤘다. '이용자' 개념의 변화가 어떻게 이뤄졌는지 그리고 이 과정에서 이용 성과의 측정 방식은 어떻게 진화되어왔는지를 살펴본 것이다. 라디오에서 TV로 이어지는 폭발적인 방송 미디어의 부흥기를 이용 성과 측정 방법의 발전이 시작된 출발점으로 상정해, 이때 이뤄진 이용자 조사 매개 수단과 도구들도 설명했다. 또한 이러한 방송 미디어 이용자 측정 수단과 도구들이 발달함에 따라 제기되었던 회의적 시각에 대해 살펴보았다.

다음으로 미디어 이용 성과의 측정 방법이 본격적으로 진화하고 있다는 점을 통합 시청률(Total Screening Rate)을 중심으로 설명했다. 디지털화된 기술들과 함께 웹과 모바일로 확장되는 플랫폼 환경에서 통합 시청률이 어떻게 등장했는지, 그 측정 방식의 변화는 어떻게 일어났는지 살펴보았다.

마지막으로 새로운 이용 성과 측정 방식의 등장에 대해 다루었다. 특히 웹과 모바일 플랫폼에서 다양한 데이터 확보 방법이 개발됨에 따라 측정 방식은 더욱 발전할 것이라 판단했다. 따라서 소셜 빅데이터를 활용한 이용 성과 측정 방법이 어떻게 진화하고 있는지 살펴봤다. 방송 산업 영역에서 새로운 이용 성과 측정 방식을 적용하려는 노력에 대해서도 소개했다.

1. 이용 성과 측정의 개념 및 발전 과정

1) 방송 콘텐츠 이용 성과 측정의 개념

이 장에서 논의하고자 하는 미디어 이용 성과 측정이란 미디어를 이용하는 이용자들의 규모, 행태, 수준에서부터 미디어 이용 내용이나 효과 등을 아우르는 개념이다. 흔히 구독률, 청취율, 시청률 등은 수용자 측정(audience measurement)이라는 개념으로 통칭되어왔다. 미디어를 이용하는 사람들을 콘텐츠를 '받아들이는' 수용자로 규정하고 개념화한 측면이 있었던 것이다. 그러나 최근에는 미디어를 이용하는 사람들이 미디어를 이용하는 과정에 적극적으로 개입하고 관여하며 자신의 미디어 이용 행태뿐만 아니라, 미디어 내용까지도 바꾸어가고 있다. 이를 통해 적극적이고 자발적인 미디어 이용자들을 측정하는 이른바 이용자 측정(user measurement)의 개념도 대두되는 상황이다.

미디어 수용자가 이용자로 변화한다는 것은 미디어 이용 행태를 포괄하는 현상들이 변화하고 있다는 점을 의미한다. 이용자들이 단순히 미디어를 구독하고 청취하고 시청하는 방식에서 벗어나 콘텐츠를 선별하고 반응하고 창작해내는 방식으로 향유하기 시작한 것이다.

마찬가지로 전통적인 방식의 미디어 이용 성과의 측정 도구인 구독률, 청취율, 시청률 등으로는 설명할 수 없는 미디어 이용 형태도 생겨났고, 동시에 웹과 모바일 공간에서 행해지는 미디어 이용 행위들을 측정하기 위한 새로운 이용자 측정 도구가 필요해졌다. 최근에 논의되고 있는 웹과 모바일 상의 빅데이터를 활용한 통합 시청률 같은 측정 도구는 이러한 사례를 보여준다.

이용 성과 측정 방식이 발전하기 시작한 매체 환경은 라디오로부터 시작되었다고 할 수 있는데, 당시 이용 성과 측정의 기본적인 내용은 오늘날의 내용과 거의 유사하다. 따라서 라디오 이용 성과 측정 내용을 통해 이용성과 측정을 이루는 기본적인 골자들을 살펴볼 수 있겠다.

전파 미디어인 라디오의 출현은 당시 미디어 이용 성과 측정의 양적 규모뿐만이 아니라, 질적 수준도 향상시키는 기폭제가 된다. 훗날 CBS의 사장이 되는 프랭크 스탠턴(Frank N. Stanton)의 1935년 박사 학위 논문「라디오 청취 행동 연구를 위한 현재의 방법론 비판과 새로운 계획(A Critique of Present

<표 4-1> 라디오 이용자 측정을 위한 질문

1. 언제 청취자들은 그들의 미디어 기기를 사용하는가?

2. 얼마나 오랜 시간동안 미디어 기기를 이용하는가?

3. 어떠한 방송사 채널들을 청취하는가?

4. 청취자들의 성별, 나이, 경제·교육 수준은 어떠한가?

5. 미디어 기기가 사용되는 동안 청취자들은 무엇을 하는가?

6. 특정 프로그램을 청취한 이후 효과는 어떻게 나타나는가?

7. 프로그램에서 선호하는 내용은 무엇인가?

자료: Stanton(1935).

Methods and a New Plan for Studying Radio Listening Behavior)」에는 라디오 이용자 측정을 위한 질문이 포함되어 있다(〈표 4-1〉). 질문의 내용은 대부분 1935년 당시의 라디오 미디어 이용자에게 맞춘 질문이다. 1935년 질문이지만 질문 문항의 내용이 오늘날의 미디어 이용 측정에 활용되어도 무방할 정도로 보인다. 굳이 오늘날에 추가되어야 할 질문 내용이 있다면 '어디서' 미디어 기기를 이용하는가, '동시에 이용하는 미디어 기기'는 무엇인가 정도의 질문일 것이다.

이처럼 1930년대의 라디오 이용 성과 측정 내용만 봐도 이용 성과 측정을 통해 궁극적으로 얻고자 하는, 혹은 필수적으로 얻어야 하는 정보를 대략적으로나마 알 수 있다.

우선, 이용자들의 사회적 위치에 대한 정보를 얻고자 했다는 것을 알 수 있다. 성별, 나이, 경제·교육 수준 등에 관한 내용을 토대로 이용자의 기본적인 개인 정보를 파악하고 이를 토대로 미디어 이용 행태의 특징을 유추하고자 하는 목적이 있다고 볼 수 있다.

통계적으로는 인구사회학적 변인(socio-demographic variables)으로도 불리는 이러한 이용자 정보는 특정한 개인적 특성을 지니고 있는 이용자가 어떻게 특정한 방식의 미디어 이용 행태를 보일 수 있는지를 예측하는 정보로 활용된다. 특정한 성별, 나이, 경제·교육 수준 등 인구사회학적 위치에 있는 미디어 이용자들이 어떠한 미디어 이용 행태를 보일 것인지를 예측할 수 있다면 사회의 각 영역에서 얼마만큼의 사람들이 어떠한 미디어 이용 행태를 보이는지 기본적인 경향을 보는 데 유용하기 때문이다.

다음으로 어떠한 내용을 이용하는지를 살펴보고 있다. 이용자들이 미디어 채널을 이용하면서 선호하는 내용에 대해 알고자 하는 것이다. 이러한 질문의 결과는 라디오의 시대에는 청취율로, TV로 이용자가 옮겨간 시대에는 시청률이라는 측정 지표를 통해서 기술될 수 있었다. 특정 채널과 프로그램에 관한 선호도를 살펴봄으로써 해당 채널이나 프로그램에 포함될 광고의 가치가 매겨졌기 때문에 이러한 이용자 선호의 측정치는 매우 중요한 지표로 고려되어왔다.

미디어 이용자가 특정 라디오나 TV 프로그램을 시청할 경우 해당 프로그램에 대한 인지도, 선호도, 호감도, 유용성, 인지된 가치 및 철학 등의 인식이 표출될 수 있다. 프로그램에 대한 이미지가 형성되는 것이다. 청취율과 시청률은 이러한 프로그램에 대한 다양한 이미지들 중에서도 인지도와 선호 정도를 계량적 수치로 측정하는 지표이다. 즉, 프로그램의 청취율과 시청률의 숫자가 높으면 인지도와 채널 간 상대적인 선호 정도가 높은 것이다. 그러나 청취율과 시청률로 이용자들이 프로그램에 대해 선호하는 세부적인 내용들을 측정하는 데는 한계가 있다.

세 번째로 미디어를 이용하는 상황에 대한 파악의 목적이 있다. 언제, 어떠한 상황에서, 얼마나 긴 시간동안, 그리고 하나의 미디어를 이용하면서 어떻게 여타 미디어를 이용하고 있는지 살펴보는 데 초점을 맞춘다. 즉, 미디어를 이용할 수 있는 상황은 어떠한 것이고 그 상황에서는 어떠한 양상의 미디어 이용 행위가 발생하고 있는지 자세히 살펴보려는 의도가 담겨 있다.

다양한 플랫폼을 통해 콘텐츠가 제공되는 오늘날의 상황에 더욱 유용한 측정 내용이라고 할 수 있다. 오늘날은 이용자들이 미디어 이용 과정에서 더욱 많은 미디어를 동시에 이용하는 멀티테스킹(multitasking)을 활발히 수행하는 환경이기 때문이다. 미디어 이용자는 다양한 채널의 동시접속과 동시 이용이 점차 보편화되는 환경에서 살고 있다. 그러니 미디어 이용이 시작되고 진행되며 완결되는지에 대한 과정이 더욱 중요해지고 있다.

마지막으로 미디어가 이용자에게 미치는 효과에 관심을 둔다. 특정 채널이나 프로그램을 이용하고 나서 이용자에게 나타날 반응에 대해 관심을 가지는 것이다. 시장에서는 프로그램을 청취하거나 시청한 이후에 광고주의 제품에 대한 구매 행동이 늘어나길 바라며, 정치 영역에서는 특정한 메시지에 발화자의 의도대로 반응하는 이용자의 행동을 바랄 수 있다.

이러한 효과에 관심을 두는 이유는 분명하다. 이용자가 미디어를 이용하고 향유하는 과정과 이러한 행위를 통해 나타나는 반응까지를 일반화된 '패턴'으로 해석해보기 위함이다. 이렇게 일반화된 이용 행태를 발견해내면 향후에 특정한 채널과 프로그램을 방송할 때 나타나는 이용 행태를 예측하기 용이해진다.

2) 측정을 위한 매개 수단과 측정 도구

라디오나 TV 등 방송 미디어의 이용자를 조사하고 측정하기 위해 전통적으로 활용된 수단으로는 전화, 인터뷰, 미터(meters), 일기(diary) 등이 있다. 이들은 때로 적절하게 조합되면서 특정 시기의 방송 미디어 이용 성과 측정 방법을 진화시켰다.

우선 전화와 인터뷰라는 이용자 조사 수단은 이용자들을 보다 자세히 측정할 수 있는 계기를 만들어냈다.

초창기 미디어 이용 성과 측정 분야에서 선두 그룹에 속한 회사인 크로슬리 비즈니스 리서치(Crossley Business Research)는 1927년 베이킹 파우더 회사의 의뢰를 받게 된다. 의뢰 내용은 베이킹 파우더 회사 라디오 광고의 효과를 측정해 달라는 것이었다. 2년 후 사진용품 회사인 이스트먼 코닥(Eastman Kodak)도 크로슬리 비즈니스 리서치에 라디오 수용자들에 대한 인터뷰 조사를 의뢰하면서 라디오 수용자를 전화로 인터뷰하는 방식의 조사가 사회적으로 신뢰도를 얻게 되었다.

이처럼 라디오 분야에서 전화 인터뷰 조사가 성공적으로 수행되면서 라디오 조사에 대한 수요가 많아진다. 마침내 크로슬리 비즈니스 리서치의 대표인 아치볼드 크로슬리(Archibald Crossley)는 전국 광고주 협회(Association of National Advertisers: ANA)로부터 라디오 조사 및 보고서 작성에 대한 의뢰를 받게 된다. 이때 크로슬리의 보고서 제목이 "The Advertiser Look to Radio(광고주가 라디오를 찾는다)"였다는 점은 당시 얼마나 라디오 조사에 대한 관심이 높아지고 있었는지를 보여준다. 이 보고서는 협회 회원들에게 널리 알려지게 되며 이때부터 미국 전역에서 라디오를 필두로 하는 미디어 이용 성과 측정에 대한 사회적 관심이 날로 증가하게 된다(Webster, Phalen, & Lichty, 2000).

전국 광고주 협회의 집중적인 관심을 받으며 정기적인 측정이 필요하다는 의견도 생겨나게 된다. 그래서 이후 CAB(Cooperative Analysis of Broadcasting) 서비스라 불리는 '전화 회상(telephone recall)' 방식의 이용 성과 측정 서비스가 발전하며 1930년 3월부터 정기적인 측정이 이뤄지게 된다.

미국에서 1930년부터 1935년까지의 시기는 방송 네트워크 회사의 이윤이 거의 2배에 달할 정도로 성장했고, 이 시기 라디오 이용자에 대한 측정은 더욱 활기를 띠었다. 경기 침체 시기에 미디어 산업이 폭발적인 성장세를 보이

<그림 4-1> 최초의 청취율 조사인 CAB의 1930~1931년도 청취율 자료

```
1930~31 Radio Ratings
  1. Amos & Andy                   53.4
  2. Rudy Valle                    36.5
  3. Atwater Kent Hour             31.0
  4. Lucky Strike                  27.8
  5. Camel Pleasure Hour           27.5
  6. Collier's Hour                27.0
  7. Generel Motors Program        26.0
  7. PKO Threatre: Phil Cook       26.0
  8. Palmolive Hour                24.5
  9. A&Gypsies                     23.0
  .
  .
  .
```

자료: http://www.radioreruns.com/1930_1934.html

는 흔치 않은 산업군으로 자리 잡으면서 라디오 광고에 대한 타 산업의 관심
은 지속적으로 높아지게 되었다.

라디오 광고에 대한 관심이 커지고 이용자 조사 방법에 대한 기술이 축적
되면서 전화 인터뷰를 통한 방식에도 변화가 생긴다.

닐슨(Arthur C. Nielsen)이 설립한 회사인 닐슨 미디어 리서치(Nielsen Media
Research)도 1920년대부터 브랜드 광고 분석 기법을 개발했고 1930년대에는
영역을 라디오 시장으로 확장해 라디오 프로그램에 대한 이용 성과 측정 방
법의 노하우를 축적해갔다. 이러한 노하우를 활용해 닐슨은 1947년 12월 첫
째 주 상위 20개 프로그램에 대한 라디오 측정 결과를 발표했다. 그 내용에
는 전체 이용자 수, 이용자 평균, 이용 누적치, 지출된 비용당 이용자 및 가구
수 등이 담겼다.

라디오 청취율 조사 분야에서 클라우드 후퍼(Claude E. Hooper)의 업적도
남다르다. 후퍼는 잡지의 판매 부스를 전반적으로 감시하는 일을 하다가 라
디오 산업의 성장을 경험하며 라디오 이용 성과 측정 방법을 개발한다.

후퍼는 조사 방법을 디자인 하는 데 있어서 조지 갤럽(George Gallup)의 도움

을 받기도 했는데, 후퍼의 방법은 기존의 방식과 근본적인 차이가 있었다. 라디오 쇼가 진행되는 동안의 청취자들을 조사하는 방식이었으며 이는 전화 일치(telephone coincidence)라고 불리는 방법이었다. 후퍼가 개발한 전화 일치 방식으로 인해 전화 회상 방식의 CAB 서비스는 결국 1946년 서비스를 중단하기에 이른다.[1]

후퍼의 전화 일치 방식을 활용한 라디오 청취율 조사는 당시 가장 강력한 방송 미디어였던 라디오 이용 성과 측정 방법을 진보시킨 것으로 평가된다. 전화와 인터뷰를 활용하는 조사 수단을 보다 현재 시점의 데이터에 적용해 분석하려는 노력을 펼쳤기 때문이다.

1930~1940년대가 라디오의 성장세에 의해 전화와 인터뷰 조사 방식이 정착된 시기였다면, 1950년대부터는 TV의 등장으로 인해 미터(meters)와 일기 (diary) 수단이 결합되어 미디어 이용 성과 측정 방법이 발전한 시기라고 할 수 있다.

라디오 분야에서 청취율 측정 기술을 지속적으로 축적한 닐슨사는 1950년대에 이러한 기술을 TV 영역으로 확장해 적용하기에 이른다. 이 시기인 1950년에 닐슨은 후퍼사(C. E. Hooper, Inc.)를 인수하며 1200개 TV 수신기의 통계 수치를 수집하고 기록하는 장치를 도입했다.

이후 '닐슨 텔레비전 시청률(Nielsen television ratings)'을 통해 대표적인 TV 미디어 이용 성과 측정 방법을 선보인다. 닐슨 텔레비전 시청률 방식은 이용자가 스스로 기입하는 일기 방식을 차용한 자기 기입식(self-record) 방식과 다소 복잡한 시스템이 장착된 가구 시청률 측정 기기인 셋미터(set meters)를 활용한 측정 방식을 혼용한다. 그리고 여기에 셋미터의 가구 단위 시청 행위 측정 방식의 한계를 보완해 가구 구성원별 시청 행위의 특징을 측정하는 피플

---

1)   Wikipedia. C. E. Hooper https://en.wikipedia.org/wiki/C._E._Hooper

미터(people meters)도 함께 활용하기에 이른다.[2]

　이처럼 시간이 흐르면서 미디어 기술이 지속적으로 발달의 과정을 거치는 동안 그에 걸맞게 전화, 인터뷰, 미터, 일기식의 조사 수단이 도입되고 이에 대한 산출물로 청취율, 시청률 등의 각종 지표들이 쏟아졌다.

　이렇게 생산된 지표들은 오늘날까지도 미디어 시장의 상황과는 별개로 광고의 효과 측정에 기능해왔다. 광고의 효과를 적절하고 정확하게 측정할 수 있는 방식으로 그 기능이 발전되어왔다는 것이다. 광고의 성과는 광고의 대상이 되는 제품에 대한 판매량으로 연결된다. 즉, 미디어 이용자의 수치도 광고 제품군의 판매량 수치와 비교해 도출이 가능하다.

　전체적으로 미디어 이용 성과 측정 방식과 도구가 발전되는 양상을 살펴보면 핵심적 기술이 고도화되는 속도가 더뎠다고 평가할 수 있다. 미디어 이용 성과 측정 관련한 대표적인 기업인 닐슨사의 이용 성과 측정 노하우의 축적 과정을 살펴봐도 마찬가지이다. 닐슨이 라디오에서 TV로 이어지는 방송 미디어 측정 분야에서 얻은 성과는 미터라고 불리는 측정 기술로 대표된다. 즉, 조사 내용이나 방식이 획기적으로 진보했다기보다는 기존의 조사 내용을 구현시켜줄 전자적 기술이 조금씩 발달하는 수준이었다고 보는 편이 맞을 것이다.

3) 대두되는 회의론과 기술적 진보

　라디오에서 TV로 이어지는 방송 미디어 부흥기에 미디어 이용 측정 방법에 대한 사회적 관심이 증대되면서 측정 방법에 대한 회의론도 제기되었다. 미국 내 가구의 대부분인 90% 정도가 TV를 시청하던 무렵인 1960년대 당시

---

2)　Wikipedia. Nielsen ratings. https://en.wikipedia.org/wiki/Nielsen_ratings

TV에 대한 사회적 관심이 급증하면서 의회를 필두로 이용 성과 측정 방법에 대한 의문 제기와 관련 조사가 본격화되었던 것이다(Baran & Davis, 2010).

이 시기는 전자식 시스템을 활용한 미터 방식이 한창 도입되었는데, 이 미터 방식에 대한 신뢰성이 의심받기 시작한 것이다.

1966년 당시 시청률에 관한 청문회인 해리스 위원회(The Harris Committee Hearings on Broadcast Ratings)에서 발표한 보고서에서는 시청자 측정을 규제하는 법안을 제안한다. 미디어 발달사에 자주 등장하는 장면이기도 한데, 미디어 산업의 측면에서 이용 성과 측정 조사는 시장의 소비자 조사와도 같기 때문이다. 어떠한 콘텐츠를 얼마나 소비하고 관심이 높아지는지에 따라 채널과 프로그램, 제작사, 유통사, 광고 등에 대한 가치가 매겨지고 이는 시장의 성장 가능성과 가치로 환원된다. 따라서 특정 미디어 시장의 성장 과정에서 이들 시장에 대한 측정이 명확히 이루어졌는지 모니터링하는 과정은 필수적이다. 1966년 해리스 위원회 보고서는 이러한 과정에서 일어난 사건에 지나지 않는다.

이 사건으로 미국에서는 사실상 업계의 자율 규제를 지지하는 방향으로 정책이 수립되는 추세를 보이기 시작했다. 따라서 해리스 위원회 보고서의 사례는 시장의 침체를 가져올 수 있는 중요한 정책적 사안에서 시장의 자율적 입장이 강조되는 결과가 도출되었다는 점에서 큰 의미가 있다. 이러한 결과는 후에 시청률 검증 전담 기구인 MRC(Media Rating Council)의 전신인 BRC(Broadcast Rating Council)를 설립할 수 있는 계기가 되기도 했다.

현재 MRC는 미디어 관련 모든 조직이 회원으로 가입할 수 있지만, 닐슨이나 아비트론과 같이 미디어 등급을 측정하는 회사는 회원 가입이 제한되어 있다.[3] 미디어 이용 성과 측정에 대한 사회적 관심과 파급력이 상당한 만큼

---

3) http://mediaratingcouncil.org

보다 공정한 이용 내용의 측정을 업계에서 자율적으로 수행하기 위한 제도적 장치인 셈이다. 자율적 규제의 방식으로 결정된 정책 방향을 지속적으로 유지하기 위한 노력으로도 볼 수 있다.

미국이라는 거대한 시장에서 경기 침체기에 막대한 부가 미디어 산업으로 이동하면서 이용 성과 측정 방식도 크게 발전했다. 전 세계의 미디어 이용 성과 측정 방식이 이러한 미국의 상황에 영향을 받지 않았다고 보기 힘들다. 동시에 미국에서도 이용 성과 측정 방식이 많은 비판에 직면하기도 했다.

이러한 비판 중 1990년대 제기된 내용은 측정 방식이 광고주와 방송국 간의 광고 시간대 계약과 연계되어 있어 객관적으로 측정이 이루어지기 어렵다는 점, 공공을 대표하는 대표성을 가지기 힘들다는 점, 이용자의 선택권이 광범위하게 보장되지 못한다는 점, 대중 수용자의 의견만을 반영한 비민주적인 방식이라는 점 등이었다(Hoynes, 1994).

방송 미디어 이용 성과 측정 방법의 성장과 이에 대한 비판은, 라디오와 TV 매체의 성장과 비례하여 이에 주목하는 시장의 관심이 증대한 결과이다. 라디오와 TV가 출현한 시대를 거쳐 스마트 미디어가 발달하고 있는 지금까지도 시장이 관심을 가지는 내용은 명확하다. 이용자들이 즐겨 찾는 콘텐츠의 내용과 이용 행태와 미디어 종류와 이용 방식, 즉 어떠한 기기나 도구를 통해 어떻게 미디어를 이용하는지와 그 세부적인 내용이다.

미디어 이용의 결과로 나타나는 미디어 이용 효과에 관심을 가지는 측면도 마찬가지다. 어떠한 이용자가 어떠한 방식으로 미디어를 이용하며 어떠한 효과를 가져왔고 이에 대한 사회적 파장은 어떠한지에 대해 큰 관심이 쏠리기 시작한 것이다.

어느 시대에서나 미디어에 대한 성과 측정 방식이 급진적으로 발달하게 되는 원인은 같다. 미디어 이용 성과 측정 방법은 미디어의 발달과 그 시장의 확대, 그리고 이러한 시장을 활용하려는 광고 영역의 확대가 동시에 일어나면서 발전을 거듭한다.

구체적으로 광고주가 자사의 제품이 효과적으로 노출되고 있는지를 알아보기 위해 라디오와 TV 이용자들의 행위를 측정하기 시작했는데, 이들 이용자들의 행위는 보다 세분화된 상태로 분석되어야 활용 가치가 높아진다. 각 시간대별로 편성된 프로그램들에 대해 이용자들이 어떠한 선택을 했는지가 결국에는 광고주의 제품이 향후 어떻게 소비될지를 판단하는 지표로서 가치를 발휘할 수 있기 때문이다.

결국 미디어 이용 성과 측정 방법을 진화시키는 것은 시장의 예민한 반응 때문이고 이로 인해 정확한 측정 방식을 요구하는 끊임없는 비판론에 직면한다. 물론, 동시에 방법적으로 진화하는 측면도 부정할 수 없다.

2. 통합 시청률로 인한 진화의 시작

1) 통합 시청률 등장의 배경

오늘날 이용자가 미디어 이용 행태를 달리하며 끊임없이 진화하자 이용 성과 측정 방식도 그 수명이 짧아지고 다양한 형태로 변화하고 있다. 그 때문에 어느 시대에서나 효율적이고 체계적인 측정 방식이 존재할 수 없다고 상정할 수도 있다. 그러나 오늘날에도 기술적으로 미디어 이용 성과 측정 방식은 이용자에 맞춰 변모하고 있으며 그에 따른 측정 지표들도 끊임없이 생산되고 있다.

그동안 미디어 이용 성과 측정을 위해 도출된 수치로는 기본적으로는 일/주/월 단위의 평균 시청 시간, 전체 시청량과 채널 점유율, 수용자의 인구통계학적 특성 등이 있다. 또한 시청률,[4] HUT,[5] 점유율,[6] 도달률,[7] 등의 구체적인 지표들도 개발되었다. 그러나 기존에 라디오, TV 시대에도 미디어 이용 성과 측정 방법이 한창 다양화될 때쯤 비판론이 제기되었던 것처럼 방송의 기술적 진보가 거듭될수록 새로운 측정 방법에 대한 요구도 끊임없이 나타난다.

방송이 기술적으로 획기적으로 발전된 것은 디지털 전환에 의한 것이었다. 이미 디지털 기술로 그 콘텐츠 전송과 노출 방식을 변화시켰던 웹과 모바일 플랫폼 서비스에 비해 방송의 디지털 전환은 단지 화면의 화소 수(픽셀 수) 증가에 따른 화질 개선, 그리고 다양한 채널의 보급 가능성 정도 말고는 이용자들에게 큰 감동을 주지 못했다. 인터렉티브 서비스를 통해 이용자와 상호작용에 기반을 둔 서비스들을 선보였던 포털, 소셜 미디어, 동영상 플랫폼 사업자들로 인해 방송의 디지털 전환이 가져다준 의미는 퇴색될 수밖에 없었다.

미디어 이용 성과 측정 영역에서도 마찬가지다. 디지털 기술이 방송에 적용되면서 기존의 이용 성과 측정 방법도 의구심을 낳았다. 셋미터나 피플미터는 결국에 세부적인 TV 시청 행태를 알아내기 힘들다는 인식이 보편화되면서 이러한 방식을 보완하기 위해 일기식의 조사 방식이 적용되었다. 그러나 이러한 일기식 조사 방식도 오늘날의 창구가 다변화된 미디어 플랫폼의 상황을 모두 반영할 수 없었다. 오늘날 웹과 앱에서 구현되는 동영상 서비스

---

4) 전체 프로그램 시청 세대를 시청 영역 내의 TV 수상기 소유 세대수로 나누고 100을 곱한 수치.

5) TV 이용 가구수를 전체 TV 수상기 소유 세대수로 나누고 여기에 100을 곱한 수치.

6) 특정 방송국 시청자 수를 사용 중인 세트(HUT)로 나누고 여기에 100을 곱한 수치.

7) 일정한 기간 내에 어떤 프로그램이나 광고에 한 번이라도 접촉한 개인 또는 가구의 비율을 말함.

이용 내용에 대한 수치를 수집하기 힘들뿐더러 그 세부적인 이용 내용에 대해서도 조사하기 어렵기 때문이다.

여기에서 주목해야 하는 사례가 영국에 있다. 디지털 전환에 가장 선도적인 국가인 영국이 집중한 것은 디지털 전환 이후 전통적인 미디어의 이용 행태가 전반적으로 변화하는 양상이었다. 그렇기 때문에 영국에서의 디지털 전환은 미디어 이용 성과 측정 다양화에 대한 논의를 함께 불러일으켰다.

영국은 디지털 전환 시대에 BARB(Broadcasters' Audience Research Board)가 시청률 조사에 대한 모든 권한을 위임받았는데 여기서는 2005년부터 이미 기존 시청률 조사를 대체할 기술에 대한 논의가 본격화되기 시작했다. 그 이유는 이용자들의 미디어 이용 습관이 능동적으로 변화했기 때문이다. 즉, 집 밖(out-of home)의 다양한 장소에서 시청하는 이용자가 많고 실시간으로 송출되는 방송을 시청하지 않는 가구인 'Zero TV' 가구가 확산되는 추세에 기존 시청률을 대체하자는 논의가 일어난 것이다.

미국의 닐슨이 2007년 집밖에서의 시청 행태 조사를 시작한 이유도 이와 같은 맥락이다(*The New York Times*, 2007.4.13). 당시 닐슨은 시카고, 덴버, 휴스턴, 로스앤젤레스, 마이애미, 뉴욕 등 6개 도시에 거주하는 3000명을 모집해 일명 통합 미디어 측정(Integrated Media Measurement)을 수행하기에 이른다. 이 측정에는 휴대폰 이용자를 분석하기 위해 휴대폰 추적 장치(cellphone tracking devices)라 불리는 기기가 활용되었다. TV 이외의 유료방송 플랫폼으로 방송을 시청하거나 이동 중에 주문형 방식(VOD) 서비스를 이용해 방송 콘텐츠를 소비하는 이용자가 많아져 이를 정밀하게 측정하기 위한 기기에도 변화가 필요했기 때문이다.

이렇게 전 세계적으로 디지털 기술이 방송에 적용되고 기존 미디어 이용 성과 측정 방식에 대한 근본적인 변화가 나타나기 시작했다.

일반적으로 기존의 피플미터 방식은 우리나라의 경우 3000~4000세대 정

〈그림 4-2〉 TNMS의 다단계 시청률 체크 시스템

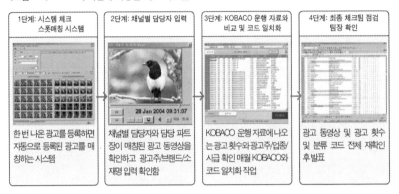

1단계: 시스템 체크 스폿매칭 시스템	2단계: 채널별 담당자 입력	3단계: KOBACO 운행 자료와 비교 및 코드 일치화	4단계: 최종 체크팀 점검 팀장 확인
한 번 나온 광고를 등록하면 자동으로 등록된 광고를 매칭하는 시스템	채널별 담당자와 담당 파트장이 매칭된 광고 동영상을 확인하고 광고주/브랜드/소재명 입력 확인함	KOBACO 운행 자료에 나오는 광고 횟수와 광고주/업종/시급 확인 매월 KOBACO와 코드 일치화 작업	광고 동영상 및 광고 횟수 및 분류 코드 전체 재확인 후발표

자료: http://www.tnms.tv/search/search_03.asp

도를 패널로 삼아 그 통계치로 전체 가구를 추정한다. 이 패널 가구를 통해 가구 시청률, 개인 시청률 같은 내용이 수집된다. 이 과정에서 TNMS의 픽처 매칭(picture matching)과 같은 방식으로 패널 가구 및 구성원의 시청 자료를 수집한다. 반면 닐슨코리아는 주파수를 읽어 시청 중인 채널을 구분하는 방식을 취한다. 그러나 이 두 가지 측정 방식 모두 오늘날의 미디어 이용 내용을 모두 분석할 수 있다고 단언하기는 어렵다.

결국 닐슨이나 TNMS 모두 피플미터 방식에 의존하는 TV 수신기 중심의 조사 방법을 고수하는 한 현재의 다채널 이용자들에 대한 데이터 확보는 어렵다.

피플미터 측정 방식은 인구통계학적 방법으로 데이터 샘플링을 실행한 다음, 패널을 선정하고 이들의 수신기에 피플미터를 설치한다. 그리고 시청 기록을 데이터로 저장해 자료를 분석하고 모니터링 하는 것으로 측정 절차를 마친다. 전화 응답 방식이나, 일기식 조사 방식에 비해 수상기에 직접 시청률 측정 장치를 부착하여 데이터를 수집하는 미터 방식은 데이터 유실을 획기적으로 줄일 수 있는 방식에 속했다. 그러나 최근에는 이러한 방식에 대해서도 전체 이용 성과를 조망할 수 없다는 근본적인 의문이 제기되고 있다.

2) 통합 시청률로 인한 측정 방식의 변화

최근에 등장하는 미디어 이용 성과 측정 방식은 기존의 TV 수신기뿐만 아니라 디지털 기술이 입혀진 웹과 모바일 환경에서의 이용자들을 통합적으로 측정하기 위한 통합 시청률 방식으로 일컬어진다.

오늘날의 미디어 이용자는 결국 자신의 미디어 이용 기기를 결정하고 멀티 플랫폼을 결정하고 그 안에서도 무수히 많은 방식으로 미디어를 즐긴다. 이러한 이용자들의 데이터를 분석하기 위해서는 이용자들이 스스로 선택한 정보를 골라내야 하는데, 최근의 이용자 분석 방식은 이러한 이용자들의 선택 정보를 역으로 수집하는 방식으로 바뀌어야 했던 것이다.

〈그림 4-3〉처럼 다중매체 시대에는 채널이나 프로그램 선택지는 p에서 q

〈그림 4-3〉 다중매체 시대의 매체이용 측정의 틀

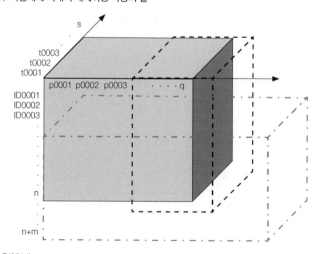

자료: 이준웅(2014).

〈그림 4-4〉 통합 시청률 조사 개념 및 방법

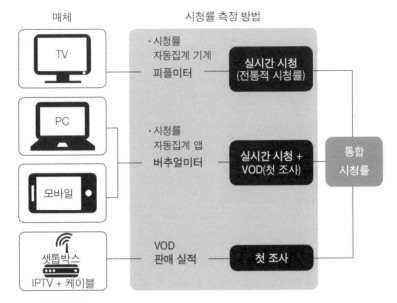

자료: 방송통신위원회.

로, 시간은 t에서 s로 늘어나고 이용자는 n에서 m으로 증가하면서 콘텐츠 내용, 시간, 이용자의 구조를 고려한 이용 측정 모델이 필요하게 되었다. 지금도 무한히 증가하는 추세를 보이는 미디어의 내용과 그 시간을 고려해보았을 때 이용자가 향유할 수 있는 선택지는 더욱 늘어날 수밖에 없고 미디어 이용자 행위는 결코 특정한 패턴으로 수렴되지 않는다. 따라서 이용 성과 측정 방식이 더욱 견고하고 세밀해져야 하는데, 그렇다고 해도 정확한 결과값을 얻을 수 있다고 담보하기는 힘들다는 말이다.

그래서 기존의 미디어 이용 성과 측정 데이터를 보완하기 위한 기술도 적용된다. 리턴 패스 데이터(return path data)는 이러한 디지털 기술이 적용된 셋톱박스, PC, 스마트 미디어로부터 시청 행위 데이터를 전송받아서 분석하는 데이터를 말한다. 이러한 리턴 패스 데이터는 디지털화된 매체 다양성 때문에 활용되는 데이터 중 하나로, 오늘날 통합 시청률 측정 과정에서 필수적인 요건을 갖춘 데이터이다. 리턴 패스 데이터를 이용하면 인터넷 네트워크 기반의 미디어 이용 행위에 대한 데이터를 수집할 수 있는 여지가 생긴다. 또한 디지털화된 데이터의 응답 신호를 받아서 이를 다시 미디어 이용자 분석의 결과로 활용하기 때문에 수동적 시청 행태 분석의 한계를 뛰어넘을 수 있다.

피플미터 측정 방식과 현재의 통합 시청률 측정 방식 간에 메커니즘의 차이는 없지만, 기존의 아날로그 고정형 TV에서 피플미터가 측정에 활용된다면 디지털 TV에서는 리턴 패스 데이터를 활용해야 양방향 이용 행태에 대해 보다 적합한 정보를 수집할 수 있다. 현재 우리나라를 비롯해 전 세계 각국에서 논의되는 통합 시청률은 이러한 기술들이 토대가 되고 있으며 기존과 달리 다양한 플랫폼에서 나타나는 이용 데이터들을 취합한다는 차이가 있다.

최근 닐슨이 선보인 통합적 콘텐츠 이용률(Total Content Rating) 측정 방식

〈그림 4-5〉 닐슨의 통합적 콘텐츠 이용률(Total Content Rating) 소개 화면

TV RATINGS	VOD CONTENT RATINGS	DIGITAL IN TV RATINGS	DIGITAL CONTENT RATINGS
Measures the content and ads delivered within the traditional live/linear TV model.	Measures video on demand (including subscription VOD) through the TV with an ad load that does not match the national linear ads, including content with no ads at all.	Measures content and ads consumed through a computer or mobile device with the same national linear ads: contributes to TV ratings.	Measures content consumed across digital platforms with an ad load that does not match the national linear ads, including content with no ads at all.

자료: www.nielsen.com

도 다양한 매체와 상호작용하는 이용자들을 측정하기 위한 통합 시청률 측정 방식의 한 사례이다. TV 시청률뿐만 아니라 VOD, 스마트 기기를 통한 TV 시청, 동영상 플랫폼을 통한 디지털 콘텐츠 이용률을 통합적으로 살펴봄으로써 보다 다양한 이용자 행태 측정을 시도하고 있는 것이다.

그러나 기존의 미디어 이용 방법을 대체하려는 다양한 노력에도 불구하고 늘어나는 미디어 이용 창구를 포괄적으로 분석하는 것은 사실상 불가능하다.

참여, 공유, 확산이라는 웹/모바일 플랫폼 서비스에 특화된 미디어 이용 행태가 보편화되었다고 이러한 행태를 측정할 수 있는 도구도 그에 맞춰 진보한 것은 아니며 아직 제한적인 실정이다. 실시간으로 나타나는 미디어 이용 행위를 측정하는 것은 기술적으로 쉽지 않다. 현재와 같이 미디어와 플랫폼이 끊임없이 출현하는 상황에서는 정형화된 산식을 통해 매번 관찰이 가능한 형태의 숫자를 도출해낸다는 것이 점점 더 논리적으로 성립되기 어려운 문제가 되어가고 있다.

현재 전 세계적으로 통합 시청률에 대한 활용과 이에 대한 논의는 활발히 이뤄지고 있다. 일례로 미국에서는 이미 다양한 조사 기법을 적용하여 통합 시청률에 대한 논의가 활발하다. 통합 시청률 분석 기법을 적용하는 협의체인 CIMM(Coalition for Innovative Media Measurement)이 2010년부터 구성되었으며, 업계와 학계가 협력해 조사 방법의 가이드라인 등을 제시했다. 이러한 과정을 통해 기존의 시청률에서 제시되고 있는 비현실적인 수치를 좀 더 현실적으로 적용시키려는 노력들을 지속하고 있다.

이미 노르웨이, 스위스, 덴마크, 영국 등의 유럽 국가에서도 2013년 이후부터 크로스 미디어 상황에서 일어나는 다양한 시청 행위를 측정하는 도구로 통합 시청률을 측정하여 발표해왔다.

우리나라도 2013년부터 방송통신위원회가 '스마트 미디어 시청 점유율'

시범 조사를 실시했고 이후 N스크린 시청 점유율 조사 등을 통해 통합 시청률에 대한 논의를 지속하는 중이다.

이처럼 통합 시청률에 대한 논의의 면면을 보면 결국 미디어와 이용자 접점을 어떻게 찾아내고 보다 정확하게 측정하느냐의 문제로 귀결된다. 점차 늘어나는 미디어 이용 창구와 그 이용 접점들을 어떻게 검색해내고 지속적으로 모니터링할 수 있는지가 관건인 것이다.

3. 새로운 이용 성과 측정 방식의 등장

1) 웹·모바일의 소셜 빅데이터로 변화하는 측정 방식

미디어 이용자는 라디오와 TV 시대를 거치면서 자기표현의 방식이 다양해지고 반응하는 속도도 빨라졌다. 상대적으로 전통적인 미디어 플랫폼에서 이용자들이 의견을 표현할 수 있는 수단은 지나치게 제한적이었다. 전통적인 미디어가 디지털화된 경우에도 마찬가지였다. 라디오든 TV든 디지털화된 방식으로 이용자들에게 그 내용을 전달해도, 이용자들은 자신의 의견을 피력하는 창구로 웹과 모바일을 이용하는 데 점차 익숙해졌고 전통적인 미디어들도 웹과 모바일이라는 수단을 통해 이용자 반응을 취합했다.

오늘날 이용자들이 흥미 있는 콘텐츠에 댓글을 달거나 검색을 하고 자신의 의견을 피력하고 추천하는 행위는 모두 웹과 모바일 기반의 플랫폼에서 이뤄진다. 따라서 웹과 모바일 플랫폼을 기반으로 이용자 데이터를 축적하기 위한 방법들이 모색되고 있다.

플랫폼 서비스는 결국 이용자들이 서비스에 참여하고 콘텐츠를 공유해 그것이 확산되는 만큼 성과를 얻을 수 있다. 따라서 웹과 모바일 플랫폼 서비스에서 성과 도출 전략은 기존의 라디오와 TV 방송 미디어들의 취했던 성과 도출 전략과는 거리가 있다. 웹과 모바일의 이용자들은 전통적인 미디어 이용자들에 비해 적극적이다. 그렇기 때문에 이러한 플랫폼 이용자들은 콘텐츠 평가에도 세부적인 내용을 언급하며 적극적으로 토론에 참여한다. 이러한 상황에서 적극적인 미디어 이용자들에 대한 성과 측정 방식이나 전략도 당연히 달라질 수밖에 없다.

앞서 언급한 통합 시청률의 개념은 다양한 미디어 플랫폼에서의 이용자들을 분석하기 위한 방식이다. 따라서 웹과 모바일에서 미디어 이용 수치를 분석해내야 한다. PC와 스마트폰 기기에서 이용 수치를 산출하려면 소프트웨어나 애플리케이션을 탑재하는 방식으로 로그 데이터를 수집해야 한다. 모두 최종 소비자인 엔드 유저(end user)가 이용하는 미디어 기기에 측정 시스템을 얹는 방식인 셈이다. 다양한 플랫폼에서 생산되는 이용자들의 의견들을 실시간으로 또 다각적으로 분석하기 위해서다. 이를 통해 웹과 모바일에서의 이용자 의견을 수집할 수 있다.

여기서 더 진일보된 방식으로 소셜 빅데이터(social big data)를 활용하는 방법도 논의되고 있다. 소셜 빅데이터를 이용한다는 의미는 본격적으로 이용자 의견의 규모와 그 맥락들을 분석한다는 의미이다. 따라서 소셜 빅데이터를 활용하여 미디어 이용자들의 심층적인 의견들을 정량화해 분석할 수 있다는 기대가 가능하다. 결국 이용자들의 반응을 통해 이들이 품는 속마음을 더 자세히 알아보기 위해 소셜 빅데이터 분석 방식을 도입하려는 것이기 때문이다.

이러한 시도는 닐슨을 통해 구체화되기도 했다. 닐슨은 디지털 콘텐츠 측정(digital contents measurement)이라는 개념으로 미디어 창구의 다양한 채널들을 측정해왔다. 이미 2013년 트위터를 통해 생산되는 TV 프로그램의 체감 시청률을 측정하기 위해 닐슨 트위터 시청률(Nielsen Twitter TV Ratings)을 발표하기도 했다.8) 이 지표는 조사 회사가 이용자에게 적극적인 접촉을 시도해 얻은 결과가 아니다. 이용자가 자유롭게 표출하는 의견들을 모아 측정한 데이터이다. 이용자들이 소셜 미디어에서 자연스럽게 생산해낸 데이터를 비대면, 비접촉의 방식으로 수집한 것이다.

결국 피플미터에서 통합 시청률에 대한 논의가 이루어지고 소셜 빅데이터를 통해 이용 성과 측정을 시도하는 것은 하나의 방향으로 수렴된다고 볼 수 있다. 이용자들의 인게이지먼트(engagement) 수치, 즉 미디어 이용자들의 적극적인 참여 정도를 세분화해서 살펴보는 방향으로 발전하고 있다는 것이다.

인게이지먼트 수치는 적극적인 미디어 이용자들의 관여, 혹은 참여 행위를 설명하는 수치이다. 이러한 이용자 관여나 참여 행위의 변화는 점차적으로 미디어 이용자가 콘텐츠 큐레이터의 성격으로 변화하고 있는 실정을 설명한다.

인게이지먼트 수치는 소셜 미디어 이용자들의 콘텐츠 게시, 공유, 추천 등의 다양한 소셜 행위가 수치로 수집되는 것으로 미래의 적극적 미디어 이용 행태를 설명하는 수치라고 볼 수 있다. 결국 이러한 인게이지먼트 수치가 미디어 이용 성과 측정 영역에서 어느 정도 구체화되느냐에 따라 이용 성과 측정의 전향적인 발전이 일어날 수 있다고 본다.

2) 새로운 측정 방식을 적용하려는 노력들

최근 방송 산업 영역에서 웹과 모바일의 소셜 빅데이터를 통해 새로운 측

---

8) Nielsen, "Nielsen Launches 'Nielsen Twitter TV Ratings'"(2013.10.7). http://www.nielsen.com/us/en/press-room/2013/nielsen-launches-nielsen-twitter-tv-ratings.html

〈표 4-2〉 국내 방송사의 웹·모바일 소셜 빅데이터를 활용한 측정 지표들

주체	웹·모바일 소셜 빅데이터를 활용한 측정 지표
KBS	KBS Market Sensing System
MBC	CAMI(Cross-platform Audience Measurement Index)
CJ E&M	CPI(Contents Power Index)
SBS	SBS 소셜데이터

정 방식을 도입하려는 구체적인 노력들이 일어나고 있다. 대부분 기존의 시청률 데이터와 웹·모바일 상의 이용자 데이터를 결합하는 방식인데, 확장된 플랫폼에서의 측정에 중점을 두는가, 아니면 이용자의 반응을 정성적으로 분석하는 데 초점을 맞추는가에 따라 그 방식이 구분된다(황성연, 2015).

확장된 플랫폼에서의 측정에 중점을 두는 방식으로는 MBC가 2015년에 개발한 'MBC: CAMI(Cross-platform Audience Measurement Index)'를 예로 들 수 있다. CAMI는 확장된 플랫폼에서 이용자 조사를 중점으로 한 지표이다. 지상파와 케이블 채널에서의 재방송 시청, 유료방송(IPTV, 디지털케이블 등)에서의 다시보기, 홈페이지나 지상파 연합 콘텐츠 플랫폼 푹(pooq) 등을 통한 PC와 모바일 시청을 분석 내용에 모두 포함한다.

광고대행사 HS애드(구 LG애드)가 2013년부터 개발해 활용 중인 MPM (Multi Platform Measurement)도 TV, 웹, 모바일의 이용 행태를 조사하는 방식이며, 분석에 활용되는 이용 데이터는 닐슨컴퍼니코리아의 데이터를 기반으로 한다.

이용자의 반응을 정성적으로 분석하는 데 초점을 맞춘 방식은 대표적으로 CJ E&M의 CPI(Contents Power Index)를 예로 들 수 있다. CPI는 뉴스 구독자 수, 검색자 수, 소셜 미디어 버즈(Buzz)량을 활용해 측정하는 방식이다.

KBS도 2017년 기존의 시청률 데이터에 소셜 빅데이터를 접목한 측정 시스템, 'KBS Market Sensing System'을 구축 중에 있으며, SBS 역시 KBS와 비

숫한 방식으로 소셜 빅데이터를 적용한 시스템을 구축해 시범 운영 중인 것으로 알려졌다.

제일기획은 2017년 인플루언서 마케팅 솔루션 '겟잇뷰(GetitVIEW)'를 제공하기 시작했다. 겟잇뷰에서는 유명인인 인플루언서별 영향력에 의한 콘텐츠 순위를 나타내는 '겟잇뷰 랭킹'을 선보였다. 이 겟잇뷰 랭킹에서는 유튜브, 아프리카TV, 페이스북, 인스타그램에서 선호도가 높은 콘텐츠 순위가 실시간으로 업로드된다. 겟잇뷰 랭킹을 통해 이용자들이 어떠한 동영상 콘텐츠를 선호하는지 세부적으로 살펴볼 수 있다.

최근 국내에서 선보이고 있는 IPTV 실시간 인기 채널 서비스를 보면 실시간으로 이용자 데이터를 취합해 그 내용을 노출하는 방식으로 서비스를 제공하고 있다. 가입자 기반으로 정보를 취합하고 시청 정보를 되받아 데이터를 취합하는 방식이다. 가입자나 이용자 숫자, 이들이 이용하는 채널들과 세부 콘텐츠 내용들을 추산해보면 여기에서 모이는 데이터의 양은 말 그대로 빅데이터다.

이러한 빅데이터가 소셜 미디어에서 수집될 수 있는 이용자 의견 관련 정보들과 완벽하게 매칭이 가능해지면 이용자들을 측정하는 분석 방법의 일대 발전이 이뤄지기 쉽다.

미디어 이용 성과 측정 방식의 변화 과정을 추적해보면 해당 시대에서 수용 가능한 미디어 기술과 병행해 발전되어왔다는 것을 알 수 있다. 라디오와 TV 등의 방송 미디어 시대가 도래하면서 다양한 이용자들이 스스로 자신의 채널과 미디어를 선택했다고 하지만 당시에도 미디어의 내용을 그대로 '수용'하는 수준을 벗어나지 못했고, 따라서 이러한 행태를 측정하는 방식도 수동적 수용자의 미디어 이용량을 분석하는 정도에 그쳤다.

결국에 미래의 미디어 이용 성과 측정은 이용자 역할 영역의 무한한 확장으로부터 그 가치가 더욱 높아질 것이다. 이제 이용 성과 측정은 이용자의

〈그림 4-6〉 IPTV의 실시간 인기 채널 순위 화면 구성 사례

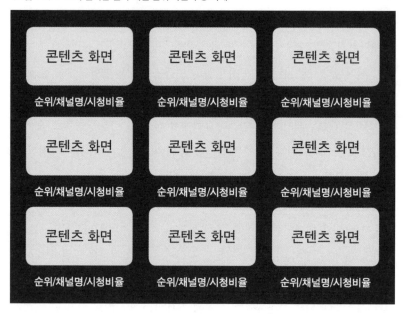

미디어 활동 범위나 역할과 비례하여 발전하고 있다고 해도 과언이 아니다.
즉, 이용자가 더욱 스마트한, 더욱 감수성 풍부한, 더욱 적극적인 미디어 이
용 행태를 보이는 만큼, 더욱 정교한 이용 성과 측정 방식이 개발되고 발전
한다고 본다.

5장

방송 수익 모델의 진화

방송 사업자들이 방송 콘텐츠를 제작하고 유통하기 위해서는 재원이 필요하다. 공영방송이라고 다르지 않다. 보통 방송의 재원을 공적 형태와 사적 형태로 구분하는데(황근, 2015), 공적 재원은 수신료[1]를 비롯해 기금[2]과 같은 정부의 지원금이 대표적이다. 사적 재원으로는 광고 수입과 유료방송 수신료,[3] 방송 콘텐츠 판매 수입, 홈쇼핑 송출 수수료 등이 있다. 수신료, 홈쇼핑 송출 수수료와 같이 공영방송이나 유료방송 사업자들에게 특화된 재원을 제외하고, 전통적으로 광고는 대부분의 방송 사업자들에게 중요한 수익원이다.

사업자들은 시청자들의 주목(attention)과 시간을 시청률로 환산해 광고단가 산정의 주요 근거와 기준으로 삼았다. 최근에는 시청률 외에도 채널(또는 매체)의 브랜드 인지도와 호감, 신뢰도 등이 광고 단가에 영향을 미치는 모습을 보인다. 이런 현상은 tvN과 같은 CJ 계열 채널과 JTBC 프로그램의 광고단가 상승에서 확인할 수 있다. 하지만 플랫폼이 다변화되고 다양한 매체가 등장하면서 광고는 더 이상 방송 사업자들에게 안전한 수익 모델로 작동하지 않는다. 광고주의 돈(광고비)이라고 하는 제한된 자원을 수많은 사업자가 나눠 가져야만 하는, 그야말로 레드오션이 되어버렸기 때문이다.

글로벌 광고 시장을 비롯해 국내 광고 시장의 변화 추이에서도 매체 간 경쟁 상황이 여실히 드러난다. 올드미디어는 지고, 디지털 미디어는 성장하고

---

1) 방송법에 따라 1963년부터 징수하고 있다. 1994년부터 전기 요금과 함께 걷고 있으며, KBS 라디오와 TV 운영 재원으로 사용되고 있다. 수신료의 3%는 EBS(한국교육방송공사) 재원으로 지원되고 있다.
2) 대표적인 기금으로는 방송통신발전기금이 있다. 방송통신발전기본법에 따라 방송통신에 관한 연구개발, 서비스 활성화, 방송통신 콘텐츠 제작 및 유통 지원, 소외 계층의 방송통신 접근을 위한 지원 등의 목적으로 운용되고 있다.
3) 케이블방송, IPTV, 위성방송 등 시청자들이 유료방송 서비스를 가입해 이용하는 이용료를 의미한다.

있다. 특히 모바일 미디어의 성장세가 가파르다. 하지만 인터넷이 전통 미디어를 대체한다는 명확한 근거를 찾기는 어려워 보인다. 10대 광고주들의 경우, 지상파에서 케이블로 광고비를 옮겼다. 이는 방송 사업자와 IT 사업자의 경쟁 이전에, 방송 산업 내 경쟁이 그만큼 치열해졌다는 것을 방증하는 것이기도 하다.

한편 최근 들어 IT 사업자들의 방송 시장 침투 움직임이 거세다. 다면 시장의 속성을 지닌 플랫폼을 무기로 다양한 실험을 지속하고 있다. 이들은 이용자에 초점을 맞추고 그들을 사로잡기 위해 노력한다. MCN(Multi Channel Network)과 웹드라마는 방송 영역 밖에서 불어온 바람을 대표하는 키워드이다. 이들은 기존 방송 사업자들과는 다른 호흡으로 이용자들에게 다가가고 있다.

전통 방송 사업자들에게 닥친 위기는 앞으로 더 격해질 것이다. 광고 외에 보다 유연하게 작동할 수 있는 수익원을 찾지 않으면 생태계 자체가 위험해질 것이다. 광고를 넘어 또 다른 안정적 수익원을 찾기 위한 보다 절박한 고민과 실험이 필요한 시점이다.

1. 광고, 유일한 수익 모델인가?

1941년에 첫 방송 광고가 집행되고 70여 년이 넘는 시간이 흘렀다. 최근 홈쇼핑방송 매출과 수신료 비중이 광고 매출 비중만큼 성장했으나, 방송 광고는 여전히 방송 사업자들의 핵심 수익원으로 작동하고 있다.

방송통신위원회에서는 해마다 방송 사업자들의 재무 상황을 공표한다. 전체 방송 사업자들의 매출은 지난 5년간 12조 3512억 원(2012년)에서 15조 8998억 원(2016년)으로 성장했다. 2016년 방송 사업자들의 매출 구성을 살펴

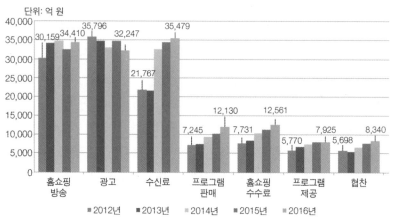

〈그림 5-1〉 주요 수익원별 매출 변화 추이

단위: 억 원

자료: 방송통신위원회(2017).

보면, 홈쇼핑방송 매출이 21.6%, 광고 매출이 20.3%, 지상파 방송 사업자와 유료방송 사업자의 수신료 매출이 22.3%로 주요한 수익원이었다.[4] 사업자별로는 지상파 방송 사업자의 광고 매출은 2884억 원 감소한 반면 프로그램 판매 매출은 1036억 원, 재송신 매출 779억 원, 협찬 매출 92억 원 등이 증가했다. 케이블 사업자와 위성 사업자들의 수신료는 각각 981억 원, 126억 원 감소했으나, IPTV 사업자의 수신료 매출이 2191억 원 증가했다. 통신 사업자들의 IPTV 서비스 끼워 팔기(bundling)를 비롯해 주요 콘텐츠 확보 전략으로 IPTV 서비스가 가파른 성장세를 보이고 있다.

〈그림 5-2〉는 주요 수익원 중 하나인 광고비의 매체별 점유율 변화 추이를 보여준다. 전체 방송 광고 시장에서 지상파 비중은 감소(71.4% → 50.3%)하고 있으나, PP(Program Provider)[5]의 비중이 증가(25.0% → 41.9%)하는 추세

---

4) 유료방송 사업자들의 수신료는 가입비를 의미한다.
5) 케이블 방송산업 구조는 152페이지 각주 7번을 참조하기 바란다.

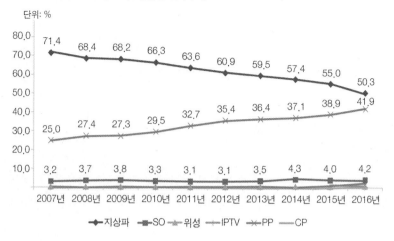

〈그림 5-2〉 매체별 방송 광고 시장 점유율 변화 추이

단위: %

자료: 방송통신위원회(2017).

를 보였다. 이는 예측 가능하듯, JTBC를 비롯한 종합편성채널과 CJ 계열 PP
의 광고 시장 내 점유율이 증가했기 때문이다. 이를 통해 방송 매체 간 경쟁
이 심화되고 있으며, 한정된 광고 자원을 차지하기 위해 매체 간 경쟁이 치열
해진 모습을 확인할 수 있다.

한편 홈쇼핑방송 매출이 전체 방송 매출에서 차지하는 비중은 24.4%(2012
년)에서 21.6%(2016년)로 감소한 반면 방송 수신료 매출이 차지하는 비중은
17.6%(2012년)에서 22.3%(2016년)로, 프로그램 판매 매출은 5.9%(2012년)에
서 7.6%(2016년)로 증가했다. 기타 홈쇼핑 수수료 매출(6.3%→7.9%)과 프로
그램 제공 매출(4.7%→5.0%), 협찬 매출(4.6%→5.2%) 역시 소폭 성장했다.

방송 사업자들에게 홈쇼핑방송 매출, 광고 매출, 수신료 매출의 비중은
65%에 달한다(2016년 기준). 하지만 홈쇼핑방송 매출은 일부 PP에 국한된 수
익원이며, 수신료 매출 역시 플랫폼을 운영하는 사업자들에 국한된 비즈니
스 모델(business model)이다. 이러한 이유에서 광고 매출은 여전히 (대부분의)

방송 사업자들에게 주요한 수익원이자 중요한 수익 모델로 작동하고 있다.

2. 광고 시장의 지형은 어떻게 변화하고 있는가?

1) 방송 광고의 시작과 현황

방송 광고는 인쇄 광고와 함께 광고 산업의 큰 축을 담당하고 있다. 방송 광고는 오랜 기간 방송 사업자들이 수익을 만들어내는 중요한 비즈니스 모델로, 방송 산업과 함께 울고 웃었다. 일반적으로 방송 광고를 CM(Commercial

〈그림 5-3〉 세계 첫 TV 광고: 부로바 시계 광고[6]

자료: http://www.jewelsonninth.ca/jewels-blog/bulova-tv-commercial

---

6) 세계 최초의 TV 광고로 알려진 것은 부로바(Bulova) 시계 광고였다. 이 광고는 1941년 7월 1일, 뉴욕 방송국 WNBT에서 브루클린 다저스(현 로스앤젤레스 다저스)와 필라델피아 필리스의 야구 경기 직전에 방송됐다. "미국은 부로바 시간으로 움직인다(America runs on Bulova time)"는 메시지가 약 10초 정도 노출됐고, 광고비는 9달러였다.

Message)이라고 하는데, TV CM은 CF(Commercial Film)라고 부른다. 법에서는 방송 광고를 어떻게 정의하고 있을까. 방송법 제2조에서는 방송 광고를 '광고를 목적으로 하는 방송내용물'로 정의하고 있다. 보통 방송 프로그램과 방송 프로그램 사이에 광고가 편성되며, 방송 광고의 시간은 해당 방송 프로그램 편성시간에 맞춰 최대 18%를 초과하지 않는 범위 내로 할당되었다.

기술의 발달로 다양한 형태의 방송 광고가 등장했다. 방송 광고는 크게 프로그램광고, 토막광고, 자막광고, 시보광고, 간접광고, 가상광고로 구분할 수 있으며, 각 방송사 채널별로 하루에 방송되는 방송 프로그램 편성시간당 방송 광고 시간의 비율은 평균 15% 이하로 제한되어 있다.

프로그램광고는 우리가 흔히 알고 있는 방송 프로그램 전후에 방송되는 광고를 말한다. 토막광고는 방송 프로그램과 방송 프로그램 사이에 방송되는 광고를 말하는데, 앞 시간대 프로그램의 마지막 프로그램광고와 뒤 시간대 프로그램의 첫 프로그램광고 사이에 위치한다. 자막광고는 방송순서를 알려주거나(곧 이어 ㅇㅇㅇ이 방송됩니다) 방송국 명칭을 안내할 때 화면 아래 방송되는 자막 형태의 광고다. 시보광고는 현재 시간을 알려줄 때 함께 방송되는 광고를 뜻하며, 간접광고는 방송 프로그램 안에서 상품을 소품으로 활용해 노출시키는 형태의 광고를, 가상광고는 방송 프로그램에 컴퓨터 그래픽을 이용해 만든 가상의 이미지를 삽입하는 형태의 광고를 의미한다.

광고비는 보통 광고가 편성된 방송 프로그램의 시청률에 따라 책정되어왔다. 〈그림 5-4〉는 시간대에 따른 방송 광고 시급을 보여준다. 크게 SA, A, B, C급으로 나뉘어 있으며, 각 급에 따라 광고비 단가가 다르다. 광고 판매가 어려운 B, C급의 광고들은 SA, A급 광고에 끼워 팔기를 통해 판매되어왔다.

하지만 최근 들어 케이블, IPTV 등이 등장하며 매체 간 경쟁이 활발하게 이루어지고 있어, 지상파 중심으로 쏠려 있던 시청률은 매체 전반으로 분산되었다. 특히 CJ 계열 PP와 JTBC에 대한 시청자들의 충성도(loyalty)가 올라

〈그림 5-4〉 방송 광고 시급(2017년 8월 29일 기준)

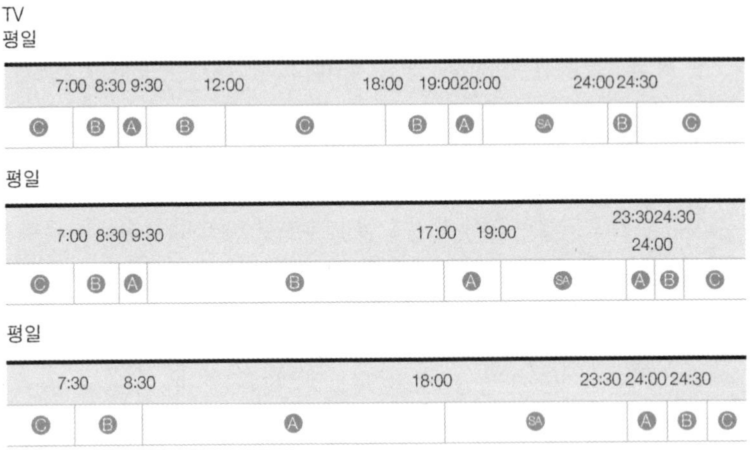

TV
평일

	7:00 8:30 9:30	12:00		18:00 19:0020:00	24:0024:30

Ⓒ Ⓑ Ⓐ Ⓑ Ⓒ Ⓑ Ⓐ ⓈⒶ Ⓑ Ⓒ

평일

	7:00 8:30 9:30		17:00 19:00	23:3024:30 24:00

Ⓒ Ⓑ Ⓐ Ⓑ Ⓐ ⓈⒶ ⒶⒷ Ⓒ

평일

	7:30 8:30	18:00	23:30 24:00 24:30

Ⓒ Ⓑ Ⓐ ⓈⒶ Ⓐ Ⓑ Ⓒ

자료: 한국방송광고공사.

갔는데, 이는 시청률로, 광고단가 상승으로 자연스레 연결되었다. '최순실 정국'을 겪으며 JTBC 〈뉴스룸〉에 대한 시청자들의 신뢰는 높아졌고, 〈뉴스룸〉은 시사/보도 프로그램임에도 불구하고, 대표 광고 상품으로 성장했다.

인터넷의 발달과 보급으로 온라인에서 다양한 영상 콘텐츠를 소비할 수 있는 환경이 조성된 것도 한몫했다. 시청자들의 이러한 시청 행태 변화는 광고 시장에 큰 지각변동을 불러 일으켰는데, 이는 국내 시장에 국한된 이슈가 아니었다. 전 세계적으로 방송 광고의 성장세는 점차 둔화되고 있고, 디지털 광고의 성장세가 전체 광고 시장의 성장을 견인하고 있는 모습을 보인다.

2) 글로벌 광고 시장 변화 추이

이러한 변화는 우리만의 모습일까? 전 세계 주요 국가들의 최근 매체별 광고비 변화를 살펴보자.

광고 시장 규모가 가장 큰 미국의 경우, 2011년 1605억 달러 규모의 광고 시장이 2015년 1936억 달러 규모로 성장했다. 방송 광고 시장 비중의 경우, 전체 광고 시장의 37%(2011년)에서 36%(2015년)로 소폭 감소했다. 신문 광고 (13 → 8%), 라디오 광고(10 → 9%), 잡지 광고(13 → 11%) 역시 광고 시장 내에서의 비중은 감소했으나, 각 영역의 절대적 광고 매출은 조금씩 상승하는 모습을 보였다. 미국의 전체 광고 시장 성장을 이끈 것은 역시 디지털이었다. 디지털 광고 시장의 비중은 2011년 20%에서 2015년 31%로, 연평균 약 17%의 성장세를 기록했다.

영국, 독일, 프랑스 등 유럽 주요 국가들도 비슷한 양상을 보였다. 영국 전체 광고 시장 규모는 2011년 199억 달러에서 2015년 254억 달러로 성장했다. 영국 역시 디지털 광고 시장의 성장이 주요 동력이었다. 디지털 광고 시장 비중은 35%(2011년)에서 50%(2015년)로 성장한 반면, 방송 광고 시장 비중은 28%(2011년)에서 24%(2015년)로 다소 감소했다. 신문 광고 시장(16 → 10%), 잡지 광고 시장(9 → 6%) 역시 감소 추세를 보였으며, 라디오 광고 시장은 4%로 동일한 비중을 유지했다.

독일의 광고 시장은 185억 달러(2011년)에서 199억 달러(2015년) 규모로 성장했다. 이 중 방송 광고 시장의 비중은 24% 수준으로, 라디오 광고 시장 비중은 4%로 유지되고 있는 것으로 나타났다. 신문 광고 시장(24 → 18%), 잡지 광고 시장(15 → 13%) 비중은 감소했는데, 흥미로운 것은 다른 국가에 비해 신문 광고 시장의 비중이 다소 높았다는 것이다.

프랑스의 광고 시장은 125억 달러(2011년)에서 147억 달러(2015년)로 성장했다. 방송 광고 시장의 경우, 그 비중이 2011년 33%에서 2015년 26%로 감소했다. 다른 국가들의 경우, 전체 광고 시장에서 방송 광고 시장의 비중이 감소해도 광고 매출의 절대적 수치는 증가했다. 하지만 프랑스는 2011년 41억 달러에서 2015년 38억 달러로 절대 액수 자체도 감소한 것을 확인할 수 있다. 반면 디지털 광고 시장은 같은 기간 2배 이상 성장했다. 2011년 26억 달러(전체 광고 시장의 21%)였던 디지털 광고 매출은 2015년 54억 달러(전체 광고 시장의 37%)로 성장했다. 반면 신문 광고 시장(11 → 8%), 라디오 광고 시장(7 → 6%), 잡지 광고 시장(18 → 16%) 비중 모두 소폭 감소했다.

아시아 시장은 어떨까. 중국의 전체 광고 시장은 334억 달러(2011년)에서 488억 달러(2015년)로 성장했다. 하지만 중국의 방송 광고 시장 성장세 역시 미미하다. 2011년 전체 광고 시장에서 방송 광고 시장이 차지한 비중은 45%에 달했으나 2015년 32%로 감소했다. 라디오 광고와 잡지 광고는 각각 5%와 3%대로 유지되고 있으나, 신문 광고 시장은 22%(2011년)에서 11%(2015년)로 감소했다. 신문 광고비 절대 규모도 75억 달러(2011년)에서 55억 달러(2015년)로 감소했다. 한편 디지털 광고 시장은 77억 달러(2011년, 23%)에서 232억 달러(2015년, 48%)로 대폭 상승했다. 이는 주요 국가들 중 가장 좋은 성적이며, 가까운 시일 내에 디지털 광고 시장의 규모가 전체 광고 시장의 절반 이상을 차지할 수 있음을 보여주는 지표이기도 하다. 정부의 강력한 통제 아래 있는 중국이지만 모바일 인터넷 이용자 수 급증과 온라인 동영상 플랫폼, 커머스 서비스 등의 성장이 디지털 광고 시장의 성장을 이끌고 있다. 특히 온라인 동영상 플랫폼은 방송 사업자들이 제공하는 서비스에 비해 상대적으로 약한 규제를 받고 있어 시청자 입장에서 보다 다양한 콘텐츠 소비가 가능하다는 점이 강점으로 작동했다(미래창조과학부·한국방송광고진흥공사, 2016).

반면 일본은 여전히 전통 매체들의 매체력이 강한 것으로 나타났다. 전체 광고 시장은 259억 달러(2011년) 규모에서 289억 달러(2015년)로 성장했으며, 이 중 40%를 방송 광고가 차지하고 있다. 신문 광고 시장(19% → 16%), 라디오 광고 시장(4% → 3%), 잡지 광고 시장(11% → 9%)의 비중이 모두 소폭 감소했으나, 절대액의 감소폭은 크지 않았다. 디지털 광고 시장은 2011년 60억 달러(23%)에서 82억 달러(28%)로 성장했다.

〈표 5-1〉 주요 국가들의 매체별 광고비 변화(단위: 백만 달러, %)

미국	2011년		2015년		영국	2011년		2015년	
	광고비	비중	광고비	비중		광고비	비중	광고비	비중
방송	59,967	37	69,902	36	방송	5,572	28	6,206	24
신문	20,232	13	15,075	8	신문	3,213	16	2,598	10
라디오	16,319	10	17,440	9	라디오	809	4	941	4
잡지	20,399	13	21,315	11	잡지	1,717	9	1,484	6
디지털	31,735	20	59,552	31	디지털	7,060	35	12,673	50
합계	160,526	100	193,594	100	합계	19,891	100	25,440	100

독일	2011년		2015년		프랑스	2011년		2015년	
	광고비	비중	광고비	비중		광고비	비중	광고비	비중
방송	4,420	24	4,836	24	방송	4,132	33	3,838	26
신문	4,387	24	3,565	18	신문	1,331	11	1,174	8
라디오	787	4	815	4	라디오	878	7	851	6
잡지	2,717	15	2,510	13	잡지	2,247	18	2,319	16
디지털	4,716	25	6,767	34	디지털	2,592	21	5,424	37
합계	18,499	100	19,888	100	합계	12,532	100	14,721	100

중국	2011년		2015년		일본	2011년		2015년	
	광고비	비중	광고비	비중		광고비	비중	광고비	비중
방송	15,018	45	15,659	32	방송	10,421	40	11,618	40
신문	7,502	22	5,547	11	신문	4,958	19	4,692	16
라디오	1,648	5	2,335	5	라디오	1,032	4	988	3
잡지	884	3	1,271	3	잡지	2,814	11	2,681	9
디지털	7,725	23	23,200	48	디지털	5,998	23	8,183	28
합계	33,355	100	48,824	100	합계	25,899	100	28,914	100

* 전체 광고 시장 규모에는 디렉토리, 비디오 게임, 시네마 광고 등이 포함됐으나, 여기서는 주요 매체만을 중심으로 재가공.
자료: PwC(2016).

　자세한 내용은 〈표 5-1〉을 참조하기 바란다. 미국을 비롯해 유럽 주요 국가들, 중국, 일본 등의 매체별 광고 시장 규모 변화를 살펴보면, 전체 광고 시장에서 차지하는 방송 광고 시장의 비중이 감소하고 있다. 중요한 것은 이런 양상이 특정 국가에서만 나타나지 않고 전 세계적으로 비슷한 양상을 보이고 있다는 점이다.

3) 국내 광고 시장 변화와 특성

국내 광고 시장 규모는 한국방송광고진흥공사(이하 KOBACO)와 제일기획에서 발간하는 자료를 통해 확인할 수 있다. KOBACO에서는 해마다 방송통신광고비 조사결과를 발표하고 있으며, 제일기획에서는 『광고연감』을 발간하고 있다. 집계 방식, 모집단 추정 방식 등의 차이로 두 자료집에서 발표하는 수치에는 약간의 차이가 있지만, 전반적인 현상과 추이는 유사한 양상을 나타낸다. 이 글에서는 KOBACO의 자료를 바탕으로 국내 광고 시장의 변화 양상에 대해 살펴보고자 한다.

앞서 살펴본 글로벌 광고 시장의 변화 추이는 국내 광고 시장에서도 유사하게 나타나고 있다. 전체 광고 시장은 2015년 11조 378억 원에서 2017년 11조 1662억 원 규모로 소폭 성장하는 모습을 보인다. 방송 광고와 인쇄 광고, 옥외 광고 등이 모두 역성장을 기록한 반면, 온라인 광고 시장은 상승세를 보였다. 온라인 광고 시장 내에서도 특히 모바일 광고 시장의 성장세가 눈에 띄었다.

각 매체별 광고비 변화 추이를 살펴보면, 방송 광고 시장은 4조 4606억 원(2015년, 39%)에서 4조 1180억 원(2017년, 36%)으로 감소했다. 지상파와 PP7)

---

7) 케이블 방송산업 내 사업자들은 크게 종합유선방송 사업자(SO: System Operator), 방송 채널사용 사업자(PP: Program Provider), 전송망 사업자(NO: Network Operator)로 구분된다. SO는 유선방송 설비 등을 갖추고 채널을 송출하고 관리하는 사업자를 말하며, PP는 프로그램 공급 사업자로 SO에게 프로그램을 공급하는 사업자를 말한다. NO는 다중 전송 설비와 망 설비를 갖추고 프로그램을 전송하는 사업자를 말한다(정인숙, 2013).

<표 5-2> 국내 매체별 광고비 변화(단위: 억 원, %)

매체		2015년		2016년		2017년	
		매출액	구성비	매출액	구성비	매출액	구성비
방송	지상파 TV	19,324	17.0	16,628	14.7	16,664	14.5
	지상파 DMB	103	0.1	97	0.1	93	0.1
	PP	20,049	17.6	19,459	17.2	19,282	16.8
	SO	1,452	1.3	1,564	1.4	1,566	1.4
	위성	240	0.2	250	0.2	270	0.2
	IPTV	870	0.8	830	0.7	840	0.7
	라디오	2,568	2.3	2,497	2.2	2,465	2.1
	방송 계	44,606	39.3	41,325	36.5	41,180	35.8
인쇄	신문	15,613	13.7	15,395	13.6	15,088	13.1
	잡지	4,741	4.2	4,564	4.0	4,427	3.9
	인쇄 계	20,354	17.9	19,959	17.6	19,515	17.0
온라인	인터넷	20,534	18.1	19,433	17.2	19,567	17.0
	모바일	13,744	12.1	18,024	16.0	20,460	17.8
	온라인 계	34,278	30.2	37,475	33.2	40,027	34.8
옥외		11,140	9.8	10,911	9.7	10,940	9.5
총계		110,378	100.0	109,670	100.0	111,662	100.0

* 2016년 이후 기대치.
** 생활정보, 취업정보, DM 등의 기타광고 제외로 실제 구성비 합이 100 미만.
자료: 미래창조과학부·한국방송광고진흥공사(2016).

의 광고 매출은 전반적으로 감소한 반면, SO(System Operator)와 위성방송의 광고 매출은 성장한 것으로 나타났다. 인쇄 광고 시장은 2조 354억 원(2015년, 18%)에서 1조 9515억 원(2017년, 17%)으로 감소했다. 재미있는 현상은 신문 광고 시장이 1조 5613억 원(2015년, 14%)에서 1조 5088억 원(2017년, 13%)으로 소폭 감소했으나, 글로벌 시장에서 나타나고 있는 감소 추이에 비하면 미미한 수준에 그쳤다는 점이다. 독일과 일본을 제외한 주요 국가들의 신문 광고 시장 비중보다도 높은 것으로 나타났다. 전 세계적으로 신문 산업이 어렵다는 징후가 다수 발견되고 있지만, 광고비만을 고려할 때 국내 언론사들의 전체 파이는 해외보다 큰 것으로 보인다(물론 경쟁 환경은 다를 수 있다. 국내에는 너무 많은 언론사들이 경쟁하고 있다).

온라인 광고 시장의 성장은 모바일 광고 시장이 이끌고 있다. 1조 3744억 원(2015년, 12%)이던 모바일 광고 시장 규모는 2조 460억 원(2017년, 18%)까지 성장했다. 반면 인터넷 광고 시장 규모는 2조 534억 원(2015년, 18%)에서 1조 9567억 원(2017년, 17%)으로 소폭 감소했다.

국내외 광고 시장 변화 추이는 방송 광고 시장의 성장세 하락과 디지털 광고, 특히 모바일 광고 시장의 성장으로 요약할 수 있다. 매체 간 치열한 경쟁 환경이 도래하고, 스마트폰의 보급과 확산으로 인한 모바일 미디어의 성장이 국내 광고 시장 지형을 바꾸고 있지만, 이는 국내에 국한된 현상이 아니다. 매체별 광고비 규모와 비중 변화를 통해 전 세계적으로 유사한 양상이 나타나고 있음을 확인할 수 있다.

2017년 초, 지상파와 언론사 광고 매출 감소에 대한 기사들이 한창 쏟아졌다. 전통 매체의 광고 매출 감소는 주요 포털의 광고 매출 증가로 이어졌다며, 대표 포털 사업자와의 매출 비교를 자극적으로 기술하는 기사들도 있었다. 정말 광고주들은 지상파에 집행할 광고비를 줄여 포털에 집행했을까?

〈표 5-3〉은 국내 10대 광고주들의 매체별 광고비 집행 비율 변화를 나타낸 것이다.[8] 자세히 살펴보면, 주요 광고주들은 여전히 지상파와 케이블에 광고를 집행하고 있었다. 그도 그럴 것이 네이버와 같은 검색 사업자들의 핵심 비즈니스 모델은 검색광고이고, 검색 광고주의 80%는 한 달에 50만 원 이

---

8) 여기서 10대 광고주는 삼성전자, 현대자동차, KT, LG전자, SK텔레콤, 기아자동차, 한국 GM, 아모레퍼시픽, 한국P&G, 동서식품 등을 의미한다.

하의 비용을 집행하고 있는 소액 광고주들이기 때문이다(≪지디넷코리아≫, 2017.3.5). 지상파 광고 매출이 차지하는 비중은 2014년 47.87%에서 2016년 46.19%로 감소했다. 눈에 띄게 성장한 매체는 오히려 케이블이었다. 케이블은 16.44%(2014년)에서 22.59%(2016년)로 비중이 급증했다. 종합편성채널은 미미하게 감소세를 보였고(4.50 → 4.42%), 온라인 부문 광고 매출은 큰 폭으로 감소했다(9.13 → 1.63%). 즉, 광고주 측면에서 전통 매체와 포털은

〈그림 5-5〉 국내 10대 광고주 매체별 광고 집행 비율 변화(단위: %)

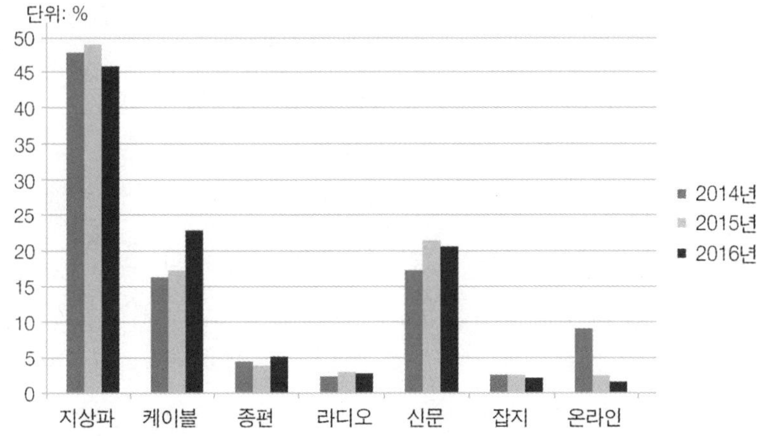

자료: 광고정보센터(2017.8.29); ≪연합뉴스≫(2016.6.14); ≪지디넷코리아≫(2017.2.22).

〈표 5-3〉 국내 10대 광고주 매체별 광고 집행 비율 변화(단위: %)

	2014	2015	2016
지상파	47.87	49.03	46.19
케이블	16.44	17.37	22.59
종합편성채널	4.50	3.95	4.42
라디오	2.27	2.98	2.90
신문	17.23	21.59	20.22
잡지	2.56	2.59	2.05
온라인	9.13	2.49	1.63
합계	100	100	100

자료: 광고정보센터(2017.8.29); ≪연합뉴스≫(2016.6.14); ≪지디넷코리아≫(2017.2.22).

경쟁 관계에 있다고 보기 어렵다는 것이다.

〈그림 5-5〉를 보면 조금 더 명확하게 비율 변화와 매체 간 차이를 비교할 수 있다. 광고주들에게 전통 매체는 여전히 매체력을 보유한 광고 매체이다. 경쟁관계는 전통 매체와 온라인 영역에서 발생하고 있는 것이 아니라, 전통 방송 영역 내에서 일어나고 있었다. 최근 CJ 계열 PP와 JTBC의 성장은 시청률 상승과 광고단가 상승으로 이어지고 있기 때문이다.

3. 광고의 언덕을 넘어

1) 흐릿해진 시장의 경계

2017년 6월, 넷플릭스의 〈옥자〉는 업계에 큰 파장을 불러일으켰다. 개봉 전부터 대형 멀티플렉스의 상영 거부로 이목을 끌더니, 32만 관객 동원이라는 성적표로 또 한 번 놀라게 했다. 한국 시장에서 넷플릭스 가입자 수 증가는 말할 필요도 없었다. DVD 대여점이 온라인 스트리밍 서비스로 재도약하더니, 이제는 명실공히 콘텐츠 제작사로 자리매김해 나가고 있다. 물론 넷플릭스를 어디까지 혹은 얼마만큼 콘텐츠 제작사로 보아야 하는지에 대해서는 견해 차이가 있을 수 있다. 이번 논쟁도 여기에서 출발했다. 전통적으로 영화를 제작하는 스튜디오가 아닌, 〈하우스 오브 카드(House of Cards)〉와 같은 자체 제작 콘텐츠로 재미를 본 넷플릭스를 과연 영화 제작사라고 볼 수 있을까. 대형 멀티플렉스의 '밥 그릇 지키기' 투쟁은 여기에서 시작된 것이다.

방송 산업이라고 다를까. 넷플릭스는 미국 내 케이블 사업자들의 공공의 적이 되었다. 최근 넷플릭스의 가입자 수가 주요 유료방송 가입자 수를 넘어

단위: 100만 명

● 넷플릭스　▲ 케이블

자료: https://www.statista.com/chart/9799/netflix-vs-cable-pay-tv-subscribers/

섰다. 넷플릭스가 유료방송의 강력한 대체재 역할을 하고 있다는 것을 미국 내 소비자들은 경험적으로 알고 있었다.

페이스북은 2017년 8월, 유튜브와 트위터를 섞어 놓은 듯한 새로운 동영상 플랫폼 '워치(Watch)'를 공개했다. 페이스북에 워치 탭이 추가되며, 동영상 콘텐츠를 뉴스피드에서 간헐적으로 만나는 것이 아니라 영상 콘텐츠만을 모아 놓은 새로운 동영상 플랫폼을 제공하겠다는 것이다. 페이스북의 자체 콘텐츠뿐 아니라 외부 제작자들이 공급하는 콘텐츠, 페이스북 이용자들의 개인 라이브 영상, TV 생중계 등 모든 유형의 영상을 제공할 계획이다. 동영상 시청에서 그치지 않는다. 커뮤니케이션 기능을 활용해 대화가 활발하게 일어난 영상 콘텐츠를 부각시키는 '가장 많이 언급된 동영상(most talked about)', 지인들이 시청하고 있는 콘텐츠를 알려주는 '친구들이 시청하고 있는 동영상(what friends are watching)' 등의 기능을 통해 개개인에게 맞춤형 경험을 주고자 했다. 또한 '팔로우(follow)' 기능을 활용해 워치 리스트가 만들어지고, 취향에 맞는 영상 목록이 구성된다.

사실 페이스북의 동영상 플랫폼 출시에 대한 기대는 만연해 있었다. 페이스북의 이런 움직임에 대항이라도 하는 듯, 유튜브는 자사 애플리케이션에 탑재되어 있던 채팅 기능을 전 세계 시장으로 확장했다. 유튜브 역시 자체 제작 콘텐츠에 대한 관심이 급증했다. 소셜 TV 플랫폼으로 안착해온 트위터와의 경쟁도 예상된다. 이러한 전쟁은 IT 사업자 사이에서 그치지 않을 것이다. 동영상 시장에서의 전쟁과 전선은 더욱 확대될 것이다. 결국 젊은 층을 중심으로 더 다변화된 미디어 이용행태를 보일 것이며, 이는 전통미디어 기업들에게도 타격이 있을 것이다.

한편 워치의 주요 수익원은 광고이다. 유튜브가 그랬듯, 콘텐츠 제작사와 수익을 배분할 예정이라고 한다. 현재까지는 55% 수준으로 알려졌다. 동영상 시청이 확산되는 가운데 페이스북만의 역량을 극대화시킨 서비스로, 생태계에 미칠 영향이 궁금해진다.

IT 사업자들의 방송 시장 진출은 콘텐츠 확보 전쟁으로 이어질 것이다. 넷플릭스가 겪었던 경험이 그대로 확산될 것이다. 플랫폼 전쟁은 결국 다양한 영역의 좋은 콘텐츠를 얼마나 지속적으로 그리고 안정적으로 확보할 수 있는가로 귀결될 것이기 때문이다. 영상 콘텐츠 산업의 경우 특히 제작자들의 경험과 노하우 등의 무형자산이 중요하게 작동하는 산업 중 하나이다. 이런 맥락에서 콘텐츠에 대한 니즈(needs)는 인재 확보 전쟁을 수반할 것이다.

애플은 지난 6월, 소니픽처스 TV의 책임자 출신인 제이미 일리크트(Jamie Erlicht)와 잭 반 앰버그(Zack Van Amburg)를 영입했다. 이들은 AMC의 〈브레이킹 베드〉, NBC의 〈더 블랙리스트〉, 넷플릭스의 〈더 크라운〉 등의 제작에 깊이 참여했던 것으로 알려졌다. 애플은 애플 뮤직을 통해 동영상 사업에 대한 경험을 쌓고 있었다. 페이스북은 새로운 프로그램 제작을 위해 300만~400만 달러를 지출할 계획을 갖고 있으며, 유튜브 역시 코미디와 드라마 장르에 에피소드 당 각각 최대 200만 달러와 300만 달러 이상 투입 계획을 세우는 등 IT 사업자들의 콘텐츠 투자는 더욱 활발하게 진행될 것이다 (*STRABASE*, 2017.8.30).

넷플릭스는 디즈니와의 결별을 앞두고, 밀러월드(Millarworld)를 인수한다고 밝혔다. 〈킹스맨〉, 〈올드맨 로건〉 등 인기 캐릭터와 스토리를 보유한 업체이다. 넷플릭스의 첫 인수 건으로 주목받고 있으며, 다양한 캐릭터에 대한 지적재산권과 제작사를 소유하게 되었다는 점에서도 관심을 받고 있다.

주요 IT 사업자들의 움직임에서도 확인할 수 있듯, 방송 시장에서의 플랫폼 경쟁의 경계는 사라졌다. 지상파 사업자와 케이블 사업자 간 경쟁은 방송산업 밖에 있던 사업자들과의 경쟁으로 확장되고 있다.

2) 온라인 동영상 서비스의 수익 모델

웹드라마, MCN 등은 최근 몇 년간 방송 시장의 주요 키워드였다. 이들 콘텐츠와 비즈니스를 '방송'이라고 볼 수 있는지에 대해서는 아직 의견이 분분하다. 하지만 '(온라인) 동영상'이라는 큰 틀 안에서 바라본다면, 이들의 움직임도 참고해볼 만하다.

온라인 동영상을 제작하고 유통하는 사업자들에게도 광고는 중요한 수익원 중 하나이다. 콘텐츠 앞에 붙는 프리롤(pre-roll) 광고는 본 동영상이 재생되기 전에 나오는 광고를 말하는데, 보통 플랫폼 사업자와 콘텐츠 사업자가 수익을 나눠 갖는다. 프리롤 광고의 길이는 3초, 5초, 15초 등 다양하게 제공되고 있다. 최근에는 미드롤(mid-roll) 광고와 포스트롤(post-roll) 광고 등 본 동영상 중간과 마지막에 광고를 붙이는 실험도 진행하고 있다. 지난해 페이스북은 페이스북 라이브 동영상에 미드롤 광고를 시범적으로 적용한다고 했다. 미드롤 광고는 동영상이 재생된 지 최소 20초가 지나야 나오며, 광고 수익의 55%는 동영상 제작자에게, 나머지 45%는 페이스북이 가져가는 것으로 알려졌다. 유튜브는 전 세계 최대 온라인 동영상 플랫폼사업자다 보니 자연스레 가장 큰 온라인 동영상 광고 플랫폼이기도 하다. 한 조사에 따르면(≪블로터≫, 2017.6.5) 미국 청소년(13~20세)들의 95%는 유튜브를 이용하고 있으며, 2명 중 1명은 유튜브 없이는 못 산다고 응답했을 정도이다. 유튜브의 대표적 광고 상품인 트루뷰(TrueView)는 5초 동안은 반드시 광고를 시청해야 하며, 이후 본 영상으로 넘어가기(skip)가 가능하다. 이용자들이 광고를 끝까지 시청한 경우에만 광고비가 과금되는 구조이다.

광고에 대한 피로도와 회피 의도가 증가하고 있긴 하지만, 광고 역시 누군가에게는 정보를 담은 콘텐츠이다. 최근에는 광고와 콘텐츠의 경계가 점차 허물어지면서 플랫폼에 특화된 브랜디드 콘텐츠(branded content) 제작이 증가하고 있다. 특히 온라인상에서 영향력을 확대해나가고 있는 콘텐츠 제작자들과 광고주들의 콜라보레이션(collaboration) 콘텐츠가 다수 등장하고 있다. 딩고(dingo)의 '이슬 라이브' 시리즈, 72초 tv의 '나는 오늘 드디어 협찬을 받았다' 에피소드 등은 성공 사례로 꼽히는 브랜디드 콘텐츠들이다.

〈그림 5-7〉 72초 tv의 브랜디드 콘텐츠

자료: https://www.youtube.com/watch?v=64ZW2VoWlj4

광고, 브랜디드 콘텐츠와 함께 '커머스'는 다양한 실험이 진행 중인 영역이다. 구매 타깃층에게 인기 있는 인플루언서들을 활용해 제품을 사용하고 난 후기를 보여주며, 구매처에 대한 정보까지 연결시켜주는 방식이 가장 손쉬운 모델 중 하나이다. 유명 크리에이터인 미셸 판(Michelle Phan)은 비디오 커머스를 실현하고 있는 대표 주자 중 한 명이다. 커머스 영역은 콘텐츠 특성상 패션, 뷰티 분야를 중심으로 확산되고 있다.

3) 광고보다는 콘텐츠 패키지

무한도전의 김태호 PD는 한 매체와의 인터뷰를 통해 플랫폼 운영 역량과 콘텐츠 제작 역량을 구분해 활용하는 방안에 대해 밝힌 적이 있다(≪스포츠조선≫, 2017.8.23).

대한민국의 방송 콘텐츠들은 경쟁력이 좋습니다. 상상 이상이죠. 그러나 그 콘텐츠들이 각 방송사 간 '편성의 싸움' 안에서 다투고 있다는 점이 안타까울 때가 있습니다. 공중파에서 방송 콘텐츠를 통해 수익을 내기 위해서는, 방송 시간을 늘려서 광고를 늘리는 방법 밖에는 없는 것이죠. 항상 지상파와 종편, 케이블 모두 편성표라는 무대 위에 그려진 플랫폼 안에서 경쟁하고, 그 편성에 의해 좌지우지 되는 상황인데 ……. 여건만 되면 MBC 내부에서 MBC 자회사 채널이나 IPTV 프로그램, POOQ용 프로그램도 만들 수 있지 않을까요? 방송국도 '플랫폼'이면서 동시에 사내 우수한 제작인력을 활용한 '콘텐츠 회사'로서의 역할도 강조가 되면 어떨까 싶더라고요. 허락만 된다면 기존 MBC 플랫폼을 기본으로 하면서 넷플릭스, 네이버, 카카오 등의 콘텐츠도 제작 가능하지 않을까 생각 합니다.

김태호 PD의 인터뷰에는 올드미디어와 뉴미디어의 갈등 구조가 담겨 있다. 그동안 방송 사업자들은 콘텐츠 제작과 유통 권력을 모두 쥐고 있었으나, 새로운 미디어 사업자의 등장으로 콘텐츠 유통 헤게모니를 잃어가고 있다. 거대 IT 사업자들의 방송 영역 진출로 전통 방송 사업자들은 (조금 과장하자면) 손 놓고 있다가는 모든 것을 뺏길지도 모르는 상황이 왔다.

IT 사업자들이 동영상 시장에 주목하는 이유는 확실하다. 이용자들의 직관적 커뮤니케이션이 가능한 도구이기 때문이다. 물론 텍스트나 이미지와 비교했을 때 서비스 체류 시간을 높여주기에 매력적인 콘텐츠이기도 하다. 하지만 이런 부차적 요소 말고, 그들은 이용자에 집중하고 있다. 밀레니엄 세대들의 콘텐츠 소비 행태를 끊임없이 고민하고 그들을 사로잡을 수 있는 다양한 실험들을 지속하고 있는 것이다. 결국 장기전에서 살아남을 가능성이 높은 쪽은 이용자가 원하는 콘텐츠와 콘텐츠 소비 환경을 제공한 IT 기반 사업자들일 확률이 높다.

방송 사업자들이 직면한 더 큰 위기는 아직 온라인 동영상 광고 단가가 저평가되어 있다는 점이다. 이용자의 눈(attention)이 온라인 시장으로 이동하고 있지만 아직 시청 지표가 광고 단가로 연결되고 있지는 않다. 온라인 동영상 콘텐츠 시청과 광고에 대한 지표가 꾸준히 개발되고, 모바일 환경에서의 콘텐츠 향유 문화가 더욱 확산된다면 시장은 지금보다 더 급변할 것이다. 그동안 방송 사업자들에게 효자 수익원이었던 광고 모델마저 처참하게 무너져갈지도 모른다.

이런 환경을 타개하기 위해 앞서 소개한 것처럼 브랜디드 콘텐츠에 대한 실험과 커머스와의 연결고리를 붙여보는 것도 방법일지 모른다. 하지만 이러한 실험은 온라인 환경에서 더 유연하게 작동할 것이다. TV 브라운관 뒤에서 실험하기에는 태생적인 한계를 지니고 있다. 다시 말해 그동안 방송 사업자들이 만들어 놓은 팬덤에 대한 다각도의 고민이 필요한 시점이다.

〈겨울왕국〉의 흥행은 극장에서 끝나지 않았다. 얼음을 깨는 게임으로도 출시되었으며, '엘사의 얼음성', '아렌델성의 축제'와 같은 레고(LEGO) 디즈니 프린세스 스페셜 에디션으로 출시되기도 했다. 세계 각국의 디즈니랜드에서는 〈겨울왕국〉을 테마로 한 공간이 만들어져 관람객들에게 또 다른 재미를 선사했다. 디즈니는 이미 수많은 캐릭터 라인업을 구축했고, 하나의 캐릭터를 기반으로 OSMU(One Source Multi Use) 전략을 다방면으로 구사하고 있는 것이다.[9]

〈겨울왕국〉은 2013년에 개봉된 영화임에도 불구하고, 몇 해가 지난 지금까지 디즈니 소비재의 매출을 견인하고 있다. 업계 보고서에 따르면, 겨울왕국 관련 상품 판매의 호조는 2015년 2분기 디즈니의 소비재 부문 순익을 32%나 증가시킨 것으로 나타났다(한국콘텐츠진흥원, 2015). 잘 만든 캐릭터 하나가 몇 편의 영화 부럽지 않은 효과를 가져다 준 셈이다. 디즈니 입장에서는 기꺼이 비용을 지불할 의사가 있는 충성 고객도, 돈을 지불하게 만들 캐릭터도 확보하고 있다. 결국 이들의 성공 방정식은 핵심 역량인 캐릭터를 무기로 다양한 스크린(소비재 포함)으로 그 영역을 무한 확장하는 것이다(김정환, 2016).

이런 관점에서 최근 SBS의 실험은 인상적이다. 중국을 비롯해 동남아 지역에서 한창 인기를 끌고 있는 예능 〈런닝맨〉을 애니메이션으로 제작해 소비자 접점을 확대했다.

웹툰 산업 역시 캐릭터를 중심으로 한 플랫폼 확장 전략이 한창이다. 네이버웹툰 『마음의 소리』는 최장수 웹툰이라는 별칭과 함께 다양한 형태의 콘

---

9) OSMU(One Source Multi Use)란 하나의 동일한 콘텐츠를 여러 미디어, 플랫폼, 혹은 단말기에서 이용함을 의미한다. 즉 하나의 성공적인 콘텐츠를 다양하게 활용하는 것을 뜻한다. 예를 들어 하나의 성공적인 웹툰 작품을 영화 또는 게임으로 제작하는 것이 이에 해당된다.

<그림 5-8> 네이버웹툰 『마음의 소리』 게임과 웹드라마

자료: ≪전자신문≫(2016.5.12).

텐츠 확장으로도 유명하다(〈그림 5-8〉 참조).

　방송 사업자들은 방송 프로그램을 편성해 유통도 하지만, 콘텐츠를 제작하는 사업자이기도 하다. 광고 공간을 몇 군데 더 확보하는 근시안적 움직임은 근본적 해결책이 되지 못한다. 결국 소비자들의 충성도를 만들어낼 수 있는 캐릭터를 담은 콘텐츠를 만들어 다각도로 활용하는 영리한 접근이 필요한 시점이다.

　이번 장에서는 방송 사업자들의 핵심 비즈니스 모델인 광고와 광고 산업의 변화에 대해 정리했다. 홈쇼핑 방송 수수료와 수신료 역시 방송 산업 내 주요 수익원으로 작동하고 있지만, 여전히 대부분의 사업자들에게 보편적 수익원은 광고이다. 국내외 광고 시장의 매체별 광고비 변화 추이를 살펴보면, 전통 광고매체의 성장세 하락과 모바일 미디어의 성장으로 요약할 수 있다. 이는 국내뿐 아니라 해외 주요 국가들에서도 나타나고 있는 현상이다. 방송 시장 내 플랫폼 경쟁이 비단 방송 사업자 사이에만 국한된 것이 아니라 주요 IT 사업자들과의 경쟁으로 확장되고 있다. 이들은 방송 산업 밖에서 보다 유연한 조직 문화를 바탕으로 다양한 실험을 하고 있다. 특히 동영상 콘텐츠와 이를 소비하는 이용자들의 다양한 패턴과 변화에 주목하고 있다.

온라인 동영상을 제작하고 유통하는 사업자들은 광고를 또 하나의 콘텐츠로 이해하고 있다. 이들은 브랜디드 콘텐츠에 대한 실험과 함께 콘텐츠 소비와 커머스를 연결시키려는 노력도 하고 있다. 방송 사업자들의 핵심 역량은 결국 콘텐츠다. 무엇보다도 콘텐츠를 중심으로 비즈니스 접점을 확대해 나가기 위해서는 각각의 플랫폼 환경에 특화된 콘텐츠 재가공이 필요하다. 어떤 의미에서는 조금 더 진화한 형태의 OSMU 전략이 필요한 시점이다.

6장

방송의 흐름과 이용자의 가로지름

오늘날 방송의 변화는 방송 밖의 기술이 전통적인 방송 영역에 접목되면서 시작되었다. 방송의 개념이나 영역으로 볼 수 있는가가 논란이 되는 새로운 서비스들이 아니더라도 이제 미디어 기술이 탑재된 방송 서비스를 비롯한 미디어 서비스는 쉽게 주위에서 접할 수 있다. 신규 서비스나 플랫폼 등에 대해 항상 경계 태세를 늦추지 않는 전통적인 방송 서비스 사업자들도 이제는 스스로 신규 서비스의 다양한 접목 가능성을 타진하고 이에 대한 실험을 본격화하고 있다.

지금까지 살펴본 바와 같이 방송 미디어 영역에서 접하고 있는 변화의 양상은 여러 복잡한 동인들의 상호작용 속에 발생한다. 대부분 미디어 기술의 진보가 단초가 되지만 수용자들의 자율적 선택 행위와, 사업자 등 다양한 시장 참여자들의 전략적 움직임이 서로 만나 빚어내는 모습을 우리는 목도하고 있는 것이다.

그렇다고 수용자나 시장 참여자(사업자)들의 선택과 행동이 무한정 자율적이고 자유로운 선택이라고 하기는 어렵다. 물론 다양한 미디어가 존재하는 환경의 도래와 함께 자신이 원하고 선호하는 장르, 채널, 의견에 대한 쏠림 현상이 두드러지고 있는 것도 사실이다. 편성표에 의지하여 내가 원하는 프로그램의 방영시간을 기다리며 원치 않는 뉴스나 시사 프로그램에 노출되었던 예전과 달리 지금은 내가 원하는 프로그램만을 선택하고 모아서 볼 수 있는 여건이 일반화되었기 때문이다. 여기서 가장 중요한 것은 수용자의 선호이자 수용자 자신의 시청 경험이며 여기서 축적된 수용자 자신의 평가임은 분명하다. 한편, 여러 사업자들의 움직임도 다양해지기는 마찬가지다. 지상파 방송만이 존재하던 시절에 비해 지금은 방송이라는 개념의 재정의가 요구될 정도로 전송 방식, 네트워크, 플랫폼, 디바이스, 콘텐츠 등 사업자들이 선택할 수 있는 범주는 다양하고 그만큼 조합의 수도 계속 진화 중이다.

하지만 수용자 개인의 선택 가능성이 무한히 확대되는 만큼 실제 선택과 이용이 정말 그렇게 다양한가에 대해서는 진지한 검토가 필요하다. 시청자들의 선택권 강화에 따른 현상이자 결과로 일컬어지는 파편화(fragmentation)나 세분화(segmentation), 혹은 전문화(specialization)는 모두 '흩어짐'을 포착하고 있다. 지상파 방송 중심이던 시절에 비해 채널이나 매체 선택과 이용의 폭이 넓어져서 그만큼 집합적 수준에서의 시청자들은 당연히 예전에 비해 넓게 퍼져 있을 수밖에 없기 때문이다. 그 결과 특정 채널들에 모여 있던 시청자들이 수백 개에 달하는 채널과 매체, 더 많은 수의 콘텐츠로 움직여 집단을 이루고 있음을 보여주는 데 산업계와 학계의 관심이 집중되었던 것이 사실이다.

그렇지만 미디어를 어떤 물리적 형태나 객관적 상태가 아닌, 특정한 맥락과 계기에서 이용자의 선택과 조합으로 만들어지는 경험의 결과로 본다면, 방송 시청 혹은 방송 미디어 이용은 단순히 콘텐츠나 채널을 대상으로 확인되는 현상으로 정의내릴 수 없다. 방송 시청은 이제 단순 노출 여부가 아닌 이용의 전체 과정을 단계별로 파악하고 접근해야 할 대상으로 변화하고 있다. 그런 점에서 나날이 복합적으로 변화하는 시청자들의 움직임을 시청층 분류의 오랜 관행적 요인(장르나 콘텐츠 선호, 채널 선택)으로, 그것도 집합적 차원에서의 접근은 실제 변화의 관찰을 어렵게 할 가능성이 크다. 시청자들이 선택하고 조합하는 모습은 몇 개의 집단(파편화), 혹은 두 개의 집단(양극화) 등으로 요약되는 것보다 훨씬 다양한 정보를 가지고 있다. 이들이 선택할 수 있는 대상은 콘텐츠, 장르, 채널에 그치지 않고 어떤 공간에서, 어떤 시간에, 어떤 상황 등 예전에는 미처 생각지 못했던 조건과 맥락으로 확대되고 있기 때문이다.

시청자들이 개인의 취향이나 선호만으로 선택의 결정을 내린다고 생각할 수 있지만, 이 또한 방송 제도나 방송 시장 구조의 영향력이 적용된 상황에서 이루어지는 '제한적 자율성'의 범주 안에 있는 것이다. 시청자들이 자율적이고 자발적인 선택을 하고 있다고 볼 수 없는 까닭은 시청자를 포함한 다양한 시장 행위자들의 상호작용으로 형성된 제도와 시장 구조에 시청자들도 놓여 있기 때문이다. 결국 시청자들의 선택도 변화하는 환경과 다양한 요인들과의 상호작용 속에서 이루어지는 제한된 범위 내에서의 선택이며 일정한 구조적 틀의 영향 범위 내에서 이루어지고 있음을 인식할 필요가 있다.

한편 다양한 사업자들의 전략적 선택도 크게 다르지 않다. 이 책에서 살펴본 바와 같이 미디어 사업자들은 미디어 테크놀로지의 진화에 따라 시장 구조의 변화, 현실적 혹은 잠재적 경쟁 사업자들과의 경쟁에 지속적으로 놓이게 된다. 한 예로 대표적인 올드미디어라고 할 수 있는 지상파 방송 사업자들의 상황을 떠올려보자. 불과 10여 년 전만 해도 국내 지상파 방송 사업자들은 3개 방송사 4개 채널이라는 독과점적 시장 구조와 이를 뒷받침하는 제도 속에서 안정적 시청률과 광고 시장에서의 시장 점유율을 확보할 수 있었다. 그러나 국내 방송 시장 전반이 '매체 균형 발전론'[1]의 시각에서 재편되기 시작하면서 지상파 방송 사업자들은 예전과 다른 경쟁 상황에 직면하게 되었고 여기서 그들이 선택한 전략적 카드는 예전과 다를 수밖에 없었다. 새로

---

1) 매체 균형 발전 개념은 신규 방송 매체와 채널의 시장 안착과 육성을 위한 원리로서 선발 사업자인 지상파 방송에 대한 엄격한 규제와 후발 사업자들에 대한 상대적 혜택으로 구현되는 비대칭 규제라고 요약할 수 있다(김영주·정재민, 2010). 이 시각에서는 방송 영역을 하나의 단일 시장으로 간주하고 매체·채널 간 공정 경쟁을 강조했는데 2001년 통합방송법 제정이 보다 직접적인 계기가 되었다. 통합방송법은 종합유선방송법 등 당시 매체별로 나누어 있던 관련 4개 법률을 통합하고 제작-유통-전송 플랫폼까지 적용 대상으로 포괄했기 때문에 법 제정 자체가 하나의 단일 방송 시장을 전제한 것이었고 매체 균형발전론은 이를 뒷받침하는 이론적 설계였다. 또한 그간의 역대 정부들은 방송 부문을 산업적 진흥의 대상으로 접근하면서 새 정부가 출범할 때마다 방송정책 대부분은 시장 활성화와 특정 매체 지원책으로 구체화되곤 했다(정인숙, 2013). 매체 균형 발전과 관련하여 현행 방송법에 명시적 정의나 규정이 있는 것은 아니나, 방송법 시행령 제61조 제3항 1호에서는 '방송매체 간의 균형발전'을 재전송 승인 신청서 심사 기준으로 두고 있다.

운 매체나 플랫폼이 시장에 진입하거나 새로운 유통 방식이 상용화되었을 때, 새로운 경쟁 사업자가 시장에 등장할 때마다 시장 행위자들이 대응을 위해 고려해야 하는 사항은 급증하고 시장 방어 혹은 적극 대처를 위한 선택지는 복잡해진다.

방송 사업자들에게 있어 가장 기본적이며 핵심적 행위라고 할 수 있는 '편성'에서도 이러한 경향은 쉽게 확인할 수 있다. 지상파 방송의 핵심 시간대라고 알려진 평일 저녁 7~12시, 주말 오후 5~12시의 편성은 사실 방송 시장구조 변동이 나타나기 전까지 큰 변화를 감지하기 어려웠다. 텔레비전의 편성은 기본적으로 시청자들의 일상을 시간대별로 구조화시켜 시청자들이 방송고유의 시간성을 공유하는 일종의 시간 의식(time consciousness)을 형성해왔다(Morley, 1992). 이것이 유지될 수 있었던 것은 이러한 시청자들의 시간의식을 동질화시키는 것이 방송 사업자들로서는 최적의 선택지였기 때문이다. 그러나 동일 시간대를 놓고 경쟁하는 채널과 콘텐츠가 크게 늘고, 시청의 단위가 채널에서 콘텐츠로 이동할 수 있도록 지원하는 플랫폼이 일반화되자 실제 시청자들의 시청 패턴도 상당한 영향을 받고 있는 것으로 나타나고 있다.

그렇다면 이에 대한 방송 사업자들의 대응책은 무엇일까? 시청자들이 자신이 선호하는 콘텐츠를 자신이 원하는 시간과 공간에서 소비하는 경향성이 나타난다고 해서 방송 사업자들의 전통적인 편성 전략이 바로 크게 달라지지는 않는다. 방송 사업자들은 시청자들의 TV 중심의 시간 의식을 깨지 않고 가급적 유지하기 위해 노력한다.

예를 들어 저녁 7시대부터 시작되는 주요 채널들의 일일드라마들은 경쟁 사업자의 일일드라마 시작과 끝 시간에 맞춰 편성된다. 왜냐하면 이 시간은 주부가 저녁 식사를 끝내고 혼자만의 시청이 가능한 시간대이기 때문이다. 30대 주부의 어린 자녀들은 저녁 식사 후 숙제를 할 시간이고 40대 주부의 중고등학생 자녀들은 학원에서 공부를 할 시간이며 50대 이상인 경우 자녀들이 대학생이거나 취업하여 아직 귀가 전이다. 혼자만의 시청이 허락된 시간이기는 하나 보고 싶었던 영화나 TV 프로그램을 찾아서 선뜻 구매하여 시청하고 싶은 시간대도 아니다. 즉, 평일 이른 저녁시간대는 중년의 주부들에게 주어진 자유로운 시간이지만, 밤 10시 드라마 수준의 인지적 노력을 기울여 프로그램을 선택하고 시청하기는 어려운 시간대인 것이다. 특히 TV 스위치가 켜지는 저녁 7시 무렵은 주부들이 저녁 식사 준비나 식사 등 다른 일과와 TV 시청을 병행해야 한다.

몰입과 집중이 어려운 시간대(7시)인 까닭에 중년 여성 시청자들은 내용 파악과 예측을 위한 '인지적 노력이 크게 필요치 않은' 프로그램을 선택하게 된다. 방송 사업자들은 중년 여성 시청자들의 이러한 선택 행위가 습관적 시청으로 이어지기 위해서는 극적 요소와 스토리가 필수적이라고 판단하고 영상이나 소리를 놓쳐도 큰 문제가 되지 않는 요소들(전형적인 인물 표현, 관계도, 스토리 전개 및 결말 등)이 조합된, 예측 가능한 수준의 긴장감과 호기심을 자극하는 프로그램 유형인 일일연속극을 이 시간대에 편성한다.

이 사례는 저녁시간대 편성 행위에 있어서 방송 사업자들이 무엇을 고려하고 어떤 점에 무게를 두고 '편성'이라는 전략적 선택 행위를 하는지를 단적으로 보여준다. 이 같은 결정과 연관된 키워드는 무엇일까? 핵심 시간대 혹은 주시청 시간대, 광고 매출(수익원), 실시간 시청, 시청률 등이 될 것이다. 핵심 시간대의 경우, 방송사의 주요 수익원 중 하나인 광고 매출에 있어 매우 중요하다. 이들 시간대의 경우 광고 단가가 높아서 이 시간대 광고 매출이 전체 광고 수익의 상당 부분을 차지한다.[2] 실시간 시청 방송사의 수익원이

---

2) 2016년 기준 지상파방송사업자의 광고 매출액은 프로그램 판매 매출의 2배에 달한다(정보통신정책연구원, 2017).

매우 다양해지면서 콘텐츠 판매와 관련된 유통 수익이 크게 늘고 있지만 광고 판매는 여전히 중요한 수익원이기 때문에 방송사는 핵심 시간대의 실시간 시청률을 높일 수 있는 프로그램 편성에 나서는 것이다.

여기서 중요한 것은 해당 시간대의 실제 시청자층에 대한 데이터 수집이 가능한지 여부이다. 그동안 방송 사업자들은 고정형 TV를 통한 실시간 시청을 노출 여부로 측정한 '시청률' 데이터만을 활용했고 이를 토대로 해당 시간대의 광고를 광고주들에게 판매하여 수익을 얻었다. 최근에는 TV 시청 혹은 TV 프로그램 이용을 보여주는 대안적 데이터(온라인 화제성 지수, 통합 시청률 지수, 비실시간 시청 성과 지수)에 대한 관심이 커지고 있다. 방송 사업자 입장에서는 이것이 시청률이라는 기존의 측정치보다 얼마나 타당성이 있는지, 기존 시청률이 지닌 한계를 어떻게 극복하고 얼마나 다른 측면을 입증해주는지, 개인의 시청 데이터로서 얼마나 가치를 지니며 실제 수익에 대한 예측력이 얼마나 되는지를 항상 검토한다.

온라인상에서 특정 프로그램이 얼마나 화제가 되는지를 블로그 등 커뮤니티, 온라인 뉴스, SNS 등에서의 언급량과 동영상 시청 등을 집계하는 이른바 '화제성 지수'의 경우 사실 몇 년 전부터 사업자들이 주목하는 대표적인 지표라고 할 수 있다. 화제성 지수가 실제 구매력 높은 20~49세 이용자층의 반응을 잘 반영하고, 단순 노출이 아닌 넓은 의미의 이용(평가를 함축하고 있다는 점에서)을 반영하는 지수이며, 오프라인이 아닌 온라인에서의 반응을 알 수 있다는 의의와 장점을 가지고 있었기 때문이다.

그렇지만 방송 사업자 입장에서 보았을 때 화제성 지수의 한계도 적지 않다. 일단 개인 데이터로 집계하기 어려우며, 정성적 성격이 강한 탓에 객관적이고 정확한 측정과 해석이 쉽지 않았기 때문이다. 이는 곧 제도화된 데이터로서의 가치가 떨어진다는 의미인 것이다.

또한 실제 특정 프로그램 제작에 투여되는 비용과 광고를 비롯한 관련 매출을 통해 산출되는 '기여도'라는 측면도 방송 사업자들의 전략적 선택에 있어서 중요한 요인이다. 아무리 큰 화제를 불러일으키고 마니아층이 형성되었다고 하더라도 전체 매출 기여도가 낮을 경우 해당 프로그램 편성이 유지되기는 쉽지 않다.

사업자들의 전략적 선택은 이처럼 실제 수익, 자원의 여력, 이용 데이터 측정 및 활용 가능성, 기여도 등 다양한 내부 요인에 대한 고려 위에서 이루어진다. 나아가 시장 내 다양한 경쟁 사업자들의 움직임과 새로운 매체 및 플랫폼의 등장, 방송을 비롯한 미디어 관련 제도의 변화, 그리고 시청 패턴의 흐름 등은 중요한 외적 변인이 된다. 사실 우리가 글로 접하는 변화의 속도에 비해 실제 방송 현장에서의 변화 속도가 더디다고 느껴지는 이유는 바로 이 때문이다.

방송 사업자들의 전략적 행위는 내부와 외부의 다양한 요인들에 대한 관찰에 기초하여 보수적으로 이루어진다. 실제 시청자들의 TV 시청을 비롯한 미디어 이용 패턴이 급속히 변화하고 있지만 고정형 TV를 통한 실시간 시청과 같은 전통적 형태의 미디어 이용이 여전히 압도적으로 많은 것도 사실이다(이재현·강민지·최순욱 외, 2016). 모바일 미디어를 이용한 시청 등 콘텐츠나 채널 외에 시간 및 공간적 분화 현상은 매우 역동적이나 기존 수익 구조를 변모시킬 가능성은 아직 크지 않다. 물론 방송 사업자들은 이러한 변화에 대처하기 위해 새로운 시도와 실험을 계속하면서도 새로운 플랫폼, 새로운 단말기, 새로운 스크린의 이용이 가져올 실시간 시청에 대한 '잠식'을 우려한다.

이렇게 본다면 수용자들이 만들어내는 새로운 움직임 속에서 전통적인 규칙성을 유지하고 동시에 새로운 규칙성이나 이용 패턴을 찾고자 하여 시청자들을 분류하려는 다양한 방송 사업자들의 움직임을 교차시켜 방송 현장을 이해하는 것이 필요할 것이다.

이 책에서는 방송을 다양한 층위의 요소들이 결합되고 배열된 경험으로 접근한 바 있다. 편성, 재원, 콘텐츠, 기술, 데이터 측정의 세부 주제 속에서 우리는 이용자와 다양한 시장 참여자들이 각각 어떻게 내부의 여러 요인들의 영향을 받으며 어떻게 전략적 선택을 하는지 살펴보았다. 또한 이들 주체들이 주변의 미디어 환경, 기술적 진화, 법적·사회적 제도, 그리고 시장 구조 속에서 영향을 받고 있으며 이들의 움직임과 새로운 흐름이 어떻게 변화된 구조의 모습을 만들어가는지 확인할 수 있었다.

시청 패턴의 변화가 반드시 이용자만의 문제가 아니듯이 편성, 새로운 콘텐츠 포맷의 개발, 유통 창구의 개척 등을 꼭 사업자 단위의 검토만으로 이해하기는 어렵다. 마찬가지로 방송법 등 관련 제도의 변화를 이용자나 방송 사업자에 대한 이해 없이 읽어내는 것도 사실 불가능하다. 이처럼 현재 방송 미디어 현장은 미디어 전체의 구조적 영향과 (이용자와 사업자 등 다양한 참여자들의) 전략적 선택 사이의 역동성이 살아 숨 쉬는 장인 것이다.

그렇다면 우리는 TV 시청에 있어서의 주도권이 시청자에게 넘어갔다는 말에 대해 곰곰이 생각해볼 필요가 있다. 과연 전형적인 방송의 흐름은 생명을 다하고 이용자 중심의 TV시대가 열렸다고 단언할 수 있을까? 방송 사업자들이 의도적으로 만들어내고자 하는 흐름(규칙성)과 이를 의도적으로 혹은 무의식중에 거스르는 이용자들의 가로지름(상호작용/자율성)의 교차로 빚어지는 결들 속에서 그 모습을 신중하게 읽어내는 것이 필요할 것이다.

참고문헌

■ 1장 미디어 테크놀로지의 발전과 수용자의 진화

강상현·김국진·정용준·최양수. 2002. 『디지털 방송론』. 한울.

그레이(Jonathan Gray)·로츠(Amanda D. Lotz). 2017. 『텔레비전 연구』. 윤태진·유경한 옮김. 커뮤니케이션북스.

김동규. 2016. 「스마트 미디어 시대의 방송제작 환경 변화」. ≪한림 ICT 정책저널≫, 5, 가을호.

김성호. 2016.2.10. "세상 모든 오타쿠에게 구원의 빛을! 게이트박스". *TECH-G*. http://techg.kr/12842

김은미·심미선·김반야. 2012. 「능동적 미디어 이용 개념에 대한 재탐색」. ≪한국방송학보≫, 26(6), 46~87쪽.

김치호. 2016. 「MCN 사업의 현황과 과제」. ≪인문콘텐츠≫, 40호, 167~187쪽.

나폴리, 필립 M.(Philip M. Napoli). 2013. 『수용자 진화: 신기술과 미디어 수용자의 변화』. 백영민·오현경·강남준 옮김. 나남.

미디어산업 연구센터. 2017. 『스낵미디어 산업 동향』, vol.1. 미래창조과학부·한국전파진흥협회.

박유리·김정언·유선실·오정숙. 2010. 『방송통신콘텐츠 유통환경 변화를 고려한 미래지향적 진흥정책 방향: 데이터방송 활성화를 중심으로』. 방송통신위원회.

손상영·김사혁·석봉기. 2010. 『플랫폼 생태계의 후생적 이슈와 정책과제』. 기본연구 10-06. 정보통신정책연구원.

신경훈. 2016. 「KBS 뉴스에서의 가상현실(VR), 증강현실(AR) 제작 사례」. ≪방송과 미디어≫, 21(4), 92~99쪽.

신동훈. 2014.5.22. "LTE 방송시대 … 고화질로 '타깃 송출' 길 열려". ≪조선비즈≫. http://bitly.kr/aYZ

심미선. 2007. 「다매체 시대 미디어 레퍼토리 유형에 관한 연구」. ≪한국방송학보≫, 21(2), 351~390쪽.

심홍진·주성희·임소혜·이주영. 2016. 『모바일 인터넷 시대의 방송콘텐츠 서비스 활성화 방안 연구』. 인성.

≪연합뉴스≫. 2016.4.5. "야구, VR로 즐긴다". http://news.zum.com/articles/29823434

유은재. 2011. 「N 스크린(N-Screen)」. ≪인터넷 & 시큐리티 이슈 Net Term≫. 한국인터넷진흥원.

유재천·한진만·강명현·김경희·박승현. 2010. 『매스 커뮤니케이션의 이해』. 커뮤니케이션북스.

유지은. 2015.7.30. 『영상 시청 패러다임 변화』. 디지에코 보고서 ISSUE & TREND.

이동후. 2012. 「포스트TV 시대의 텔레비전 시청 경험에 관한 질적 연구: 20대들과의 심층 인터뷰를 중심으로」. ≪한국언론정보학보≫, 통권60호, 172~192쪽.

이민규. 2015. 「드론, 방송영상의 새로운 패러다임 창조: 현장성, 역동성, 입체성」. ≪방송 트렌드 & 인사이트≫. 한국콘텐츠진흥원.

이민규·김영은. 2014. 「세컨드스크린 환경에서 소셜미디어 활용과 TV 프로그램 시청 효과에 관한 연구: 교양 프로그램을 중심으로」. ≪방송연구≫.

이상우·김원식. 2007. 「방송통신 융합 환경에서 플랫폼의 의미와 규제방향」. ≪사이버커뮤니케이션학보≫, 24, 263~311쪽.

이엔 앙. 1998. 『방송 수용자의 이해』. 김용호 옮김. 한나래.

이영주·송진. 2011. 「스마트 미디어의 플랫폼 중립성 적용 가능성 검토」. ≪한국방송학보≫, 25(4), 213~248쪽.

이종혁. 2012. 『소셜 미디어 PR』. 커뮤니케이션북스.

임정수. 2008. 「여자 대학생의 UCC 소비와 생산을 통해 본 수용자 능동성에 관한 연구」. ≪한국방송학보≫, 22(4), 320~352쪽.

_____. 2013. 「텔레비전 콘텐츠 VOD에 대한 이용자 선호도와 속성변인의 컨조인트 분석」. ≪한국방송학보≫, 27(5), 204~243쪽.

임종수. 2006. 「OSMU 미디어 환경에서 지식콘텐츠 제작모델에 관한 연구」. ≪한국방송학보≫, 20권 4호, 267~301쪽.

정용찬·김남두·김윤화. 2012. 『2012년 방송매체 이용행태 조사』. 방송통신위원회.

정용찬·김윤화. 2013. 『2013년 방송매체 이용행태 조사』. 방송통신위원회.

_____. 2014. 『2014년 방송매체 이용행태 조사』. 방송통신위원회.

정용찬·김윤화·이선희. 2015. 『2015년 방송매체 이용행태 조사』. 방송통신위원회.

정용찬·김윤화·박선영. 2016. 『2016년 방송매체 이용행태 조사』. 방송통신위원회.

조성동·강남준. 2009. 「다매체 환경 정착에 따른 수용자들의 매체이용 특성변화와 이용매체 구성변화」. ≪한국언론학보≫, 53(1). 233~256쪽.

조수선·이숙정·이미나·정회경·정인숙·김숙·김유정·김미경·장윤재·최은경·양정애·박주연. 2014. 『뉴미디어 뉴커뮤니케이션』. 이화여자대학교출판문화원

콘텐츠진흥원. 2016. 『방송영상산업백서』.

한종범·이재호·이현규 외. 2008. 『방송론: 아날로그를 넘어 디지털 뉴미디어까지』. DIMA출판부.

한진만·박은희·정인숙·주정민. 2017. 『새로운 방송론』. 커뮤니케이션북스.

한진만·정상윤·이진로·정회경·황성연·이정택. 2011. 『방송학개론』. 커뮤니케이션북스.

홍기선 외. 2004. 『현대방송의 이해』. 나남.

황주성. 2014. 「지상파TV의 시청방식에 따른 집단 간 특성 비교: 인구학적 속성과 미디어 이용을 중심으로」. ≪정보통신정책연구≫, 21권 2호, 19~56쪽.

Atlas Institute. 2008. "Engagement Mapping: A new measurement standard is emerging for advertisers." *Thought Paper*, p.2.

Blumler, J. G. 1979. "The role of theory in uses and gratifications studies." *Communication research*, 6(1), pp.9~36.

Cantor, M. G. & J. M. Cantor. 1986. "Audience composition and television content: The mass audience revisited." *Media, audience, and social structure*, pp.214~225.

Dayan, D. 2005. "Mother, midwives and abortionists: Genealogy, obstetrics, audiences & public." in S. Livingstone(ed.). *Audiences and publics: When cultural engagement matters for the public sphere*. Bristol, UK: Intellect. pp.43~77.

Dizard, W. 1994. *Old media/New media: Mass communications in the information age*. New York: Longman.

Ha, L. & S. M. Chan-Olmsted. 2004. "Cross-media use in electronic media: The role of cable television Web sites in cable television network branding and viewership." *Journal of Broadcasting & Electronic Media*, 48(4), pp.620~645.

Hulivahana, B. 2017.4.9. "Mixed Reality: A mix of Augmented and Virtual Reality." *A VR Affinity VR.*

Levy, M. R. 1984. "The concept of audience activity." *Media Gratification Research-Current Perspectives*, pp.109~202.

Levy, M. R. & S. Windahl. 1984. "Audience activity and gratifications: A conceptual clarification and exploration." *Communication research*, 11(1), pp.51~78.

Livingstone, S. 2005. "On the relation between audiences and public." in S. Livingstone(ed.). *Audiences and publics: When cultural engagement matters for the public sphere.* Bristol, UK: Intellect, pp.17~41.

Mark. W. 2012.7.12. "Two-screen viewing creates connected users." *Media Post.* https://www.mediapost.com/publications/article/178934/two-screen-viewing-creates-connected-tv-users.html

McQuail, D. 1987. *Mass Communication Theory: An Introduction.* London: Sage.

Neely, D. 2008.8.20 "The Real Value Of Engagement." *Online Media Daily.* retrived June 19, 2017 from.

Palmgreen, P., L. A. Wenner, & K. E. Rosengren. 1985. "Uses and gratifications research: The past ten years." in K. E. Rosengren, L. A. Wenner, & P. Palmgreen(eds.). *Media gratifications research: Current perspectives.* Beverly Hills, CA: Sage, pp.11~40.

Perse, E. M. 1990. "Audience selectivity and involvement in the newer media environment." *Communication Research*, 17(5), pp.675~697.

Rosenstein, A. W. & A. E. Grant. 1997. "Reconceptualizing the role of habit: A new model of television audience activity." *Journal of Broadcasting & electronic media*, 41(3), pp.324~344.

Rubin, A. M. 1981. "An examination of television viewing motivations." *Com-*

munication research*, 8(2), pp.141~165.

Visual Capitalist. 2017. "Influencer Marketing: The Latest Weapon in the Battle for Eyeballs." http://www.visualcapitalist.com/influencer-marketing/

Wellman, B. 2001, October. "Little boxes, glocalization, and networked individualism." in *Kyoto Workshop on Digital Cities*. Springer Berlin Heidelberg. pp.10~25.

Woodard, E. H. & N. Gridina. 2000. *Media in the home 2000: The fifth annual survey of parents and children*. Philadelphia(PA): The Annenberg Public Policy Center of the University of Pennsylvania.

■ 2장 방송 콘텐츠의 진화

강선애. 2017.3.3. "지상파는 모바일에 약하다? … '모비딕', 1억 뷰 돌파의 의미". ≪SBS funE≫.

김미라·장윤재. 2015. 4월. 「웹드라마 콘텐츠의 제작과 서사적 특성에 관한 탐색적 연구: 네이버 TV캐스트 게시물 분석을 중심으로」. 한국여성커뮤니케이션학회 2015 봄철 정기학술대회.

김앵아·오영훈. 2017. 「포털사이트 TV콘텐츠 큐레이션에 나타난 스낵컬처 특성 분석」. ≪문화교류연구≫, 6권 2호, 109~128쪽.

김택환. 2015. 『웹콘텐츠 빅뱅』. 커뮤니케이션북스.

DMC미디어. 2015. 『온라인 동영상 시청 행태 및 광고효과』.

마크로밀엠브레인. 2015. 『2015 TV 시청 행태 조사』.

박동숙·전경란. 2001. 「상호작용 내러티브로서의 컴퓨터 게임 텍스트에 대한 연구」. ≪한국언론학보≫, 45권 3호, 69~106쪽.

박지혜. 2015. 『문화콘텐츠산업의 새로운 트렌드, 스낵컬처(Snack Culture)의 현황 및 전망』. KIET 산업경제. 산업연구원.

박희진. 2017.07.26. "글로벌은 오리지널 전쟁터인데 … 국내는 여전히 TV·BJ천하". ≪한국경제≫. http://news.hankyung.com/article/201707254251g

서정주. 2015. 「스낵컬처 확산과 활용」. ≪KB지식비타민≫, 78호, KB금융지주 경영연구소.

송지민. 2015.8.24. "다큐멘터리의 미래를 보다: 웹 다큐멘터리 프리즌벨리". ≪스토리오브서울≫.

송진·이영주. 2015. 『방송영상 웹콘텐츠 현황 및 활성화 방안』. 한국콘텐츠진흥원.

유지은. 2015.7.30. 『영상 시청 패러다임 변화』. 디지에코 보고서 ISSUE & TREND.

이동후. 2012. 「포스트TV 시대의 텔레비전 시청 경험에 관한 질적 연구: 20대들과의 심층 인터뷰를 중심으로」. ≪한국언론정보학보≫, 통권60호, 172~192쪽.

이상민. 2009. 『대중매체 스토리텔링 분석론』. 북코리아.

이선희. 2016. 『TV 시청시 스마트폰 동시 이용행태 분석』. KISDISTAT Report. 정보통신정책연구원.

이영주·송진. 2016. 「개인방송 콘텐츠 수용에 대한 탐색적 연구」. ≪방송통신연구≫, 통권 96호, 68~103쪽.

이재현. 2006. 「멀티플랫포밍, 모바일미디어, 그리고 모바일 콘텐츠」. 한국언론학회 세미나 자료집(2006.9), 35~60쪽.

이종수. 2015. 『포스트 텔레비전 시대의 다큐멘터리 트렌드』. 커뮤니케이션북스.

임유경. 2016.10.14. "지상파, 모바일서 안 죽었네 … 최고인기 OTT는 '푹'". ≪ZDNet Korea≫.

임종수. 2006. 「OSMU 미디어 환경에서 지식콘텐츠 제작모델에 관한 연구」. ≪한국방송학보≫, 20권 4호, 267~301쪽.

전범수·최민음. 2014. 「웹툰 이용동기 및 구성 요소가 이용 만족도에 미치는 영향」. ≪방송문화연구≫, 26권 2호, 93~120쪽.

전병준·최동길. 2010. 「분절화 콘텐츠시장의 등장과 E-비즈니스」. ≪e-비즈니스연구≫, 11권 5호, 143~163쪽.

정용찬·김남두·김윤화. 2012. 『2012년 방송매체 이용행태 조사』. 방송통신위원회.

정용찬·김윤화. 2013. 『2013년 방송매체 이용행태 조사』. 방송통신위원회.

_____. 2014. 『2014년 방송매체 이용행태 조사』. 방송통신위원회

정용찬·김윤화·이선희. 2015. 『2015년 방송매체 이용행태 조사』. 방송통신위원회.

정용찬·김윤화·박선영. 2016. 『2016년 방송매체 이용행태 조사』. 방송통신위원회.

정지윤. 2014. 「웹드라마의 부상과 모바일 콘텐츠로서의 가치」. 『디지에코 보고서 ISSUE & TREND』.

최세경·박상호. 2010. 「멀티 플랫폼 콘텐츠 포맷의 개발과 텔레비전 적용: 상호작용
성의 구현과 재목적화」. ≪방송과 커뮤니케이션≫, 11권 1호, 5~47쪽.

최홍규. 2016.8.12. "[칼럼] 웹 다큐멘터리 등장의 의미". ≪네이버 레터≫.

_____. 2017. 11. 「진정한 인터렉티브 콘텐츠의 시대가 온다」. ≪방송트렌드 & 인
사이트≫. 2017년 3호 Vol.12. 한국콘텐츠진흥원.

KT경제경영연구소. 2014.8. 「한국인의 스마트라이프: 스마트폰 이용행태 분석」. 『디
지에코 보고서』. KT경제경영연구소.

한국콘텐츠진흥원. 2015. 『웹콘텐츠 특성』. KOCCA.

_____. 2017. 『아시아문화중심도시 웹콘텐츠 생태계 조성방안 연구』. KOCCA.

한예원·김유나. 2015. 「한국 웹콘텐츠의 동향 및 유형 연구」. ≪이화어문논집≫, 35
집, 31~52쪽.

홍종배. 2011. 「멀티플랫폼 환경에서 공영방송사의 콘텐츠 유통 전략: KBS를 중심
으로」. 한국언론학회 가을철 학술대회 발표논문집, 51~55쪽.

BBC Trust. 2010.3. *BBC Strategy Review*.

■ 3장 방송 편성의 진화

강형철. 2014. 「특집진단 ① .융합미디어 시대, 콘텐츠 전략 어떻게 짜야하나」. ≪격
월간 방송기자≫.

고민수. 2011. 「방송편성규정의 법적성격과 한계에 관한 헌법학적 연구」. ≪방송과
커뮤니케이션≫, 제12권 1호, 5~36쪽.

곽동균. 2017. 「4차 산업혁명시대 OTT 동영상 산업활성화를 위한 당면과제」.
KISDI 프리미엄 리포트 17-08.

곽동균·권용재·김호정·박희영. 2015. 「인터넷 동영상 서비스에 대한 합리적 제도화
방안 연구」. 정책연구 15-11. 미래창조과학부.

김유정. 2014. 『뉴미디어 방송편성』. 커뮤니케이션북스.

남윤미·주성희·성욱제·이호영·박찬경. 2011. 「스마트 미디어 시대 편성정책의 방
향」, 정책연구 2011-16. 방송통신위원회.

방송통신위원회. 2016. 「방송매체 이용행태 조사」.

배진아. 2007. 「지상파방송 편성정책에 대한 평가」. 한국방송학회 학술대회 발제문.

_____. 2016. 「편성은 사라지지 않는다. 다만 확대될 뿐이다」. ≪방송트렌드 & 인
사이트≫, 10+11(8), 5~9쪽.

오형일. 2016. 「그럼에도 우리는 살아남을 것이다」. ≪방송트렌드 & 인사이트≫,
10+11(8), 10~13쪽.

이재진. 2004. 「특집 편성규제를 말한다: 방송 편성규제와 자유」. ≪방송문화≫. 2
월호.

정동훈. 2016. 「언제 어디서나, 원하는 콘텐츠를 드립니다」. ≪방송트렌드 & 인사이
트≫, 10+11(8), 14~19쪽.

조성기. 2015. 『주문형 편성 핸드북』. 서울: 커뮤니케이션북스(주).

조영신. 2014. 「넷플릭스의 빅데이터(Big Data), 인문학적 상상력과의 접점」. ≪ICT
포커스≫, 3월 vol.1.

주성희·박상진·이주영. 2016. 「2016년 방송사업자 편성현황 조사」. 정책자료
16-07. 방송통신위원회.

최홍규. 2015. 『콘텐츠 큐레이션』. 커뮤니케이션북스.

한진만·심미선·강명현·김유정·김은미·김진웅·남궁협·임정수·조성호·주영호.
2006. 『디지털 시대의 방송편성론』. 나남출판.

Dixon, C. 2015.6.14. "Crackle delivers free ad-supported linear online."
Nscreenmedia. http://www.nscreenmedia.com/crackle-steps-in-the-oppor
tunity-for-free-ad-s0upported-linear-online/(검색일: 2017.6.30)

Eastman, S. T. and D. A. Ferguson. 2013. *Media Programming: Strategies and
Practicies*, 9th ed. Boston, MA: Wadsworth.

Myer, G. 2006. "The Future of TVisn't Apps. We need all our channels in one
place." *WIRED*. https://www.wired.com/2014/06/future-tv-is-not-apps/
(검색일: 2017.5.27)

O'Neil, L. 2001. "The Future of the TV Guide." OZY.com. http://www.ozy.
com/ fast-forward/the-future-of-the-tv-guide/32331(검색일: 2017.3.14)

Tullis, T. and W. Albert. 2013. *Measuring the User Experience: Collecting, analyzing, and presenting usability metrics*, 2nd ed. Waltham, MA: Morgan Kaufmann.

■ 4장 이용 성과 측정의 진화

이준웅. 2014. 「시청률의 해체인가 진화인가? 제도적 유효 이용자와 방송의 미래」. ≪방송문화연구≫, 26권 1호, 33~62쪽.

최홍규. 2015. 『콘텐츠 큐레이션』. 커뮤니케이션북스.

황성연. 2015. 「경쟁하는 수용자들, 그리고 새로운 측정 방법들」. ≪방송 트렌드 & 인사이트≫, 2015년 1호.

Baran, J. S. & K. D. Davis. 2010. *Mass Communication Theory: Foundations, Ferment, and Future*, 6th ed. Cengage Learning.

Bickart, B. & R. M. Schindler. 2002. "Special Session Summary Expanding the Scope of Word of Mouth: Consumer-to-consumer Information on the Internet." *NA-Advances in Consumer Research*, Volume 29.

Brosius, H., M. Wober, & G. Weimann. 1992. "The loyalty of television viewing: How consistent is TV viewing behavior?" *Journal of Broadcasting and Electronic Media*, 36(3), pp.321~335.

Brousuis, P., M. Wober, & G. Weimann. 1992. "The loyalty of television viewing: How consistent is TV viewing behavior?" *Journal of Broadcasting & Electronic Media*, 36(3), pp.321~335.

Chatterjee, P. 2001. "Online reviews: do consumers use them?" *ACR 2001 Proceedings*. https://ssrn.com/abstract=900158

Danaher, P. J. 1995. "What happens to television ratings during commercial breaks?" *Journal of Advertising Research*, 35(1), pp.37~47.

EY. 2013. "Future of television: Media & Entertainment."

Gelb, B. D. & S. Sundaram. 2002. "Adapting to "word of mouse"." *Business Horizons*, 45(4), pp.21~25.

Hall, S. 1980. "Encoding/decoding." in S. Hall, D. Hobson, A. Lowe, & P. Willis(eds.). *Culture, media and language*. London: Hutchinson.

Hoynes, W. 1994. *Public Television for Sale*. Boulder: Westview Press.

Krugman, D. & K. F. Johnson. 1991. "Differences in the consumption of traditional broadcast & VCR movie rentals." *Journal of Broadcasting & Electronic Media*, 35, pp.1~20.

Napoli, P. M. 2011. *Audience Evolution*. New York: Columbia University Press.

Rosenstein, A. W. & A. E. Grant. 1997. "Reconceptualizing the role of habit: a new model of television audience activity." *Journal of Broadcasting & Electronic Media*, 41(3), pp.324~344.

Stanton, Frank N. 1935. "A Critique of Present Methods and a New Plan for Studying Radio Listening Behavior." ph.D. dissertation, Ohio State University.

The New York Times. 2007.4.13. "Nielsen to Follow TV Viewers Out of the House and Into the Streets." http://www.nytimes.com/2007/04/13/business/media/13adco.htm

Verge. 2017.6.20. "Netflix's interactive shows arrive to put you in charge of the story." https://www.theverge.com/2017/6/20/15834858/netflix-interactive-shows-puss-in-boots-buddy-thunderstruck

Webster, J. G. 2005. "Beneath the veneer of fragmentation: Television audience polarization in a multichannel world." *Journal of Communication*, 55(2), pp.366~382.

Webster, G. J., F. P. Phalen, & W. L. Lichty. 2000. *Ratings Analysis: Theory and Practice*, 2nd ed. Routledge.

Yim, J. 2003. "Audience concentration in the media: Cross-media comparisons and the introduction of the uncertainty measure." *Communication Monographs*, 70(2), pp.114~128.

Yuan, E. J. & J. G. Webster. 2006. "Channel repertoires: Using peoplemeter data in Beijing." *Journal of Broadcasting & Electronic Media*, 50(3), pp.524~536.

Youn, S. M. 1994. "Profile : Program type preference and program choice in multichannel situation." *Journal of Broadcasting & Electronic Media*, 38(4), 465~475.

■ 5장 방송 수익 모델의 진화

강인규. 2012. 「플랫폼의 경쟁이슈와 규제방안」. ≪방송통신정책≫, 24(8), 1~21쪽.

광고정보센터. 2017.8.29. 『광고통계』.

김정환. 2016. 「국내 모바일 메신저 사업자의 캐릭터 비즈니스 현황과 시사점」. ≪미디어와교육≫, 6(1), 88~95쪽.

미래창조과학부·한국방송광고진흥공사. 2016. 『2016 방송통신광고비 조사』.

방송통신위원회. 2017. 『2016년도 방송사업자 재산상황 공표집』.

≪블로터≫. 2017.6.5. "Z세대 2명 중 1명, "유튜브 없인 못살아"".

손상영·김사혁·석봉기. 2010. 『플랫폼 생태계의 후생적 이슈와 정책과제』. 기본연구 10-06. 정보통신정책연구원.

≪스포츠조선≫. 2017.8.23. "김태호 PD는 왜 넷플릭스를 만났을까".

≪연합뉴스≫. 2016.6.14. "국내 광고시장 OECD 6위. 10대 기업이 14% 차지".

이상우·김원식. 2007. 「방송통신 융합 환경에서 플랫폼의 의미와 규제방향」. ≪사이버커뮤니케이션학보≫, 24, 263~311쪽.

이영주·송진. 2011. 「스마트 미디어의 플랫폼 중립성 적용 가능성 검토」. ≪한국방송학보≫, 25(4), 213~248쪽.

≪전자신문≫. 2016.5.12. "웹툰·게임 콜라보는 진화 중".

정인숙. 2013. 『커뮤니케이션 이해 총서: 방송 산업 구조』. 커뮤니케이션북스.

≪지디넷코리아≫. 2017.2.22. "케이블, 10대 광고주 지상파 광고 급속 잠식".

_____. 2017.3.5. "인터넷 포털 광고 규제 필요할까".

최성욱·박요한·오덕신·최민석. 2011. 「다면시장에서의 플랫폼 강화 전략이 경쟁우위 확보에 미치는 영향에 관한 연구: 페이스북 사례를 중심으로」. ≪한국컴퓨터게임학회논문지≫, 24(4), 201~215쪽.

최승재. 2011. 「모바일 플랫폼 중립성의 개념 정립」. ≪법과기업연구≫, 1(1), 139~170쪽.

한국콘텐츠진흥원. 2015. 『미국 콘텐츠 산업동향』, 9, 1~14쪽.

황근. 2015. 『커뮤니케이션 이해총서: 방송 재원』. 커뮤니케이션북스.

PwC. 2016. *Internet Ad Outlook*.

STRABASE. 2017.8.30. "Apple, Google, Facebook 등 거대 디지털 기업들, 오리지널 영상 콘텐츠 투자 위해 대규모 투자 및 인재 영입 열올려". STRABASE NewsBrief.

■ 6장 방송의 흐름과 이용자의 가로지름

과학기술정보통신부·방송통신위원회. 2017. 『2017년 방송산업 실태조사 보고서』.

김영주·정재민. 2010. 「방송산업 내 비대칭 규제에 관한 연구」. ≪한국방송학보≫, 24(5).

이재현·강민지·최순욱·이소은. 2016. 「미디어 이용의 탈구」. ≪언론정보연구≫, 53(2).

정인숙. 2013. 「새 정부의 진흥정책이 유료방송시장에 미치는 영향 : 중점관리효과와 경로의존성 개념을 중심으로」. ≪방송문화연구≫, 25(1).

Morley, D. 1992. *Television, audiences and cultural studies*. London, UK: Routledge.

찾아보기

지은이

최홍규

고려대학교 미디어학과 언론학 박사

한국인터넷진흥원(KISA) 선임연구원을 거쳐 현재 한국교육방송공사(EBS) 연구위원으로 재직 중이다. 주로 커뮤니케이션과 미디어로 인한 인간, 사회 변동에 관심을 두고 있다. 저서로『소셜 빅데이터 마이닝을 활용한 미디어 분석 방법』(2017), 『콘텐츠 큐레이션』(2015) 등 다수가 있다.

김유정

연세대학교 신문방송학과 언론학 박사

문화방송(MBC)의 전문연구위원으로 재직하며 미디어 이용, 편성 및 콘텐츠 전략, 방송법·정책 연구를 진행하고 있다. 커뮤니케이션 현상과 그 미시적 기초의 관계, 상호작용에 대해 큰 관심을 가지고 있으며 수용자 연구, 편성 및 미디어 다양성 정책, 그리고 이주민 커뮤니케이션 관련 논문을 다수 발표했다.

김정환

고려대학교 미디어학과 언론학 박사

네이버(NAVER) 연구위원으로 인터넷 산업/정책에 대한 연구와 대외 커뮤니케이션 업무를 담당하고 있다. 뉴미디어와 올드미디어의 만남과 변화에 대해 관심이 많다. 미디어/IT 산업과 경영, 정책 관련 국내외 논문을 다수 작성했다.

심홍진

연세대학교 신문방송학과 언론학 박사

정보통신정책연구원(KISDI) 연구위원으로 방송 정책에 대한 연구와 웹미디어와 콘텐츠 연구를 진행하고 있다. 미디어 심리를 중심으로 이용자에게 미치는 뉴미디어의 다양한 효과에 관심이 높다. 미디어 수용자 연구에 대한 국내외 논문을 다수 작성했다.

주성희

미시간대학교 커뮤니케이션학과 언론학 박사

정보통신정책연구원(KISDI) 연구위원으로 미디어 정책 및 규제에 관한 연구를 진행하고 있다.
방송 관련 국제 규범과 통상 협정, 방송 및 동영상 콘텐츠와 광고, 방송 편성 규제 등 다양한 분야
에서 정책연구 보고서와 논문을 다수 작성했다.

최믿음

한양대학교 신문방송학과 언론학 박사

KBS 방송문화연구소 객원연구원과 고려대학교 정보문화연구소 연구교수를 거쳐 현재 고려대
미디어산업연구센터 객원연구원으로 재직 중이다. 저서로 『계획행동이론, 미디어와 수용자의
이해』(2013, 공저)가 있으며, 뉴미디어 콘텐츠와 수용자 행위에 관한 논문을 다수 작성했다.

본 저서는 '2016년 한국방송학회 방송영상 분야 저술출판지원'을 받았음.

아카번호 2065
방송의 진화 그 현상과 의미
ⓒ 최홍규·김유정·김정환·심홍진·주성희·최믿음, 2018

지은이 | 최홍규·김유정·김정환·심홍진·주성희·최믿음
펴낸이 | 김종수
펴낸곳 | 한울엠플러스(주)
편　집 | 조수임

초판 1쇄 인쇄 | 2018년 3월 30일
초판 1쇄 발행 | 2018년 4월 20일

주소 | 10881 경기도 파주시 광인사길 153 한울시소빌딩 3층
전화 | 031-955-0655
팩스 | 031-955-0656
홈페이지 | www.hanulmplus.kr
등록번호 | 제406-2015-000143호

Printed in Korea.
ISBN 978-89-460-7065-3 93070